幸せ家族には秘密がある

49年の家づくりで辿りついた「住育の家」

宇津﨑光代

かもがわ出版

「住育の家」

(登録商標 5302657)
建坪・16 坪

心も身体も元気になる家

新築して 20 年。成人式を迎えた「住育の家」

次女、長女、著者

お客さまの見学の流れ

～楽しい暮らしをすべてお見せします！～

ようこそ！

今日は家族で
「住育の家」へ見学に
来ました！

2階から
パパとママが
見えるよ！

お母ちゃんから「住育の家」を説明

廊下になっている洗面・トイレ、バスルームを案内

二階もすべて見学

お母ちゃんの視点で半世紀（四九年）の住まいづくりの経験から、見学に来てくださる皆さまの暮らしの悩み相談をお受けします。

一級建築士【宇津崎せつ子設計室】の自宅
子育て楽しむ「住育の家」暮らしオープン！

元祖「住育の家」と同じ 16 坪（京都市右京区）

吹き抜けから１階と２階で会話できる

家事をしながら、自然にコミュニケーションがとれる

家事が効率的に行える

宇津崎せつ子著
『家事・子育て・老後まで楽しい家づくり～豊かに暮らす「間取りと収納」～』より

孫が来ても、一緒に楽しめる「住育の家」

～ばぁばの役割～

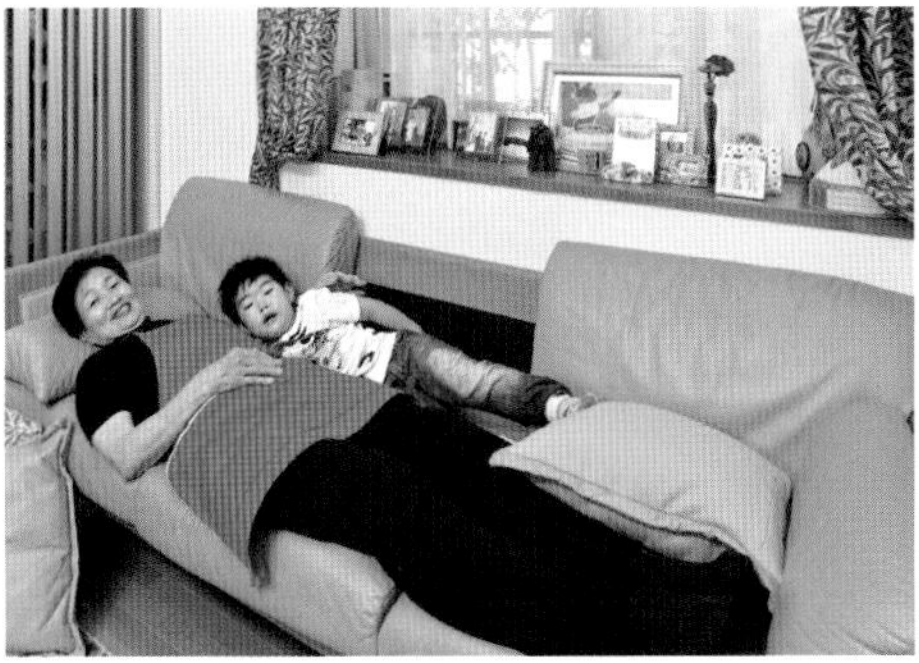

生まれたばかりのときは、このクッション一つ分で寝ていました

梯子で一緒に遊ぶ

お習字(はね、とめの練習)から

家庭菜園の野菜を収穫

人生100年時代を豊かに過ごすために

一人暮らしの私も「人生100年時代」を豊かに過ごすために、
いま、生活習慣を整える実験中！

生きた花を部屋に飾る習慣を！

超越瞑想

仏壇へ朝晩のごあいさつ

リハビリ（エクササイズ）

町内を散歩

ときには庭でティータイム

手抜きせず、食事づくり

はじめに
人生一〇〇年時代、「住育の家」でワクワク過ごそう！
――ウィズコロナの時代にお役に立てる〝幸せな暮らし〟

宇津﨑　光代

みなさん、こんにちは！

数多くある本の中から私の「住育の家」三冊目となる書籍『幸せ家族には秘密がある』を手に取っていただき大変嬉しく思います。

コロナ禍のステイホームは大丈夫でしたか？　突然、家族そろって自宅にいる時間が長くなり毎日の暮らしが一変しましたが、楽しく仲良く暮らせていますか？

わたしは「住育の家」のお母ちゃんこと、宇津﨑光代です。

パワーカラーの赤いエプロンをつけて、全国、海外にまで飛びまわっている七四歳。

もっとも精神年齢は二〇歳ぐらいのつもりですが……（笑）

「エッ、一体、何をしてるの？」「住育って何？」と思われるかもしれません。その答えがこの本です。

「住育」とは、そこに暮らす家族が自然にコミュニケーションがとれたり、自立できたり、家族の絆が強くなったり、心身ともに健康に幸せになれる、という考え方です。

この赤いエプロン姿で、大きなフォーラムや講演、国際会議から、小・中・高・大学など学校の「住育」の授業、小さな講演まで「住育」をずっと伝え続けてきました。

実は私自身が、初めからこんなに元気だったわけではなく、二〇年前、この「住育の家」（お母ちゃんの住まい）に住むまでは、身体が弱くて、病院通いの日々でした。

それが実際に「住育の家」に住み、暮らすなかで、毎日快適、夜も熟睡、健康どころかすっかりパワフルになり、「二〇年前より、若返った！」なんて言われるほど元気印に変わりました。「住育の家」に住むお客様たちも、同じく、良いほうに大きく変化される姿が見えたり、聞いたりし、自信を持ってこの仕事に取り組んできました。

長女・友見がデザイナーで住まいづくりのツールを開発し、一級建築士の次女・せつ子が「住育の家」の後継者として設計をし、波乱万丈の人生をずっと支えてくれたおかげで、今日までがんばってこられました。家族にとって一番大切な核である住まいづくりから、心身ともに健康な幸せ家族をいっぱい増やしていきたいのです。

これまで「住育」の視点で手がけた家は全国でゆうに五〇〇軒を超えています。

本書では、渋沢栄一氏の孫・鮫島純子さん（九八歳で一人暮らし）、大正・昭和・平成・令和の時代を生きてますますお元気でステキなその生き方、住まい方に学ぶ「対談」のほか、「住育の家」に現在お住まいの一一軒のご家族のみなさんの実際の暮らしも紹介しています。

このなかからも、暮らしに役立つような〝ヒント〟をぜひ、一つでも二つでも見つけていただければ幸いです。

「住育」は、あなたが願う幸せな人生を実現させる、一番身近な方法です。「住育」を取り入れるか、取り入れないかで、人生の質や豊かさが大きく変わってくるはずです。

これからは〝人生一〇〇年時代〟！　家で過ごす時間はもっと長くなりそうです。

ウィズコロナで、「家族」のあり方が見直され、ステイホームの「ホーム」が問われている今だからこそ、この本を読まれるあなたやあなたの家族の人生が、今よりもっと良い方向に幸せに変わっていかれるお手伝いができれば嬉しいです。

二〇二〇年七月

幸せ家族には秘密がある
49年の家づくりで辿りついた「住育の家」

もくじ

第1章

「住育の家」ってどんな家？

―こんなに心も身体も元気になる家です―

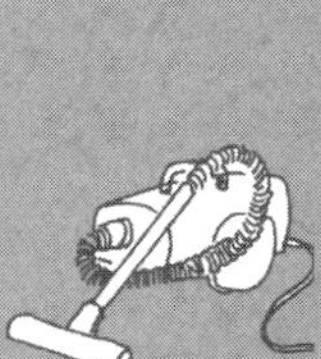

ようこそ「住育の家」（お母ちゃんの住まい）へ

「住育の家」は、今から二〇年前の二〇〇〇年（平成一二年）三月、京都市左京区岩倉に完成しました。

京都国際会館近くの静かな住宅地のなかのひときわ小さな家。隣家の娘の家と庭をはさんで二軒、隣居二世帯住宅の住まいの新しい提案でした。

私はこの建坪一六坪に暮らし機能をコンパクトに収めた小さな家で二〇年間、毎日ワクワク、心豊かに、まだ実験・検証しながら快適に暮らしています。風邪ひとつひかず、昔よりずっと元気になりました。

「お母ちゃんの住まい」から「住育の家」となり、二〇年経って成人式を迎えた今、こんな家づくりこそ、ウィズコロナ、ステイホームの時代を生き抜く幸せ家族のお役にたつ、と確信しているのです。

「住育の家」（お母ちゃんの住まい）は 20 周年を迎えました。右は完成時

帰って来た（訪れる）人をやさしく迎える玄関

「ただいま」

木製のドアを開くと、木のぬくもりが心地よく迎えてくれます。

私の家には塀も門扉もないので、ドアを開けてすぐに、「ただいま」になります。

「お帰りなさい。お疲れさま」

玄関を入ると、まず空気の違いに気づきます。

家も人と同じように呼吸し、生きています。家そのものの息づかいが感じられる住まいが理想です。

正面の上がり框《かまち》は、低い二段にしてあるので、どんなにあわてていても、つまずくことはありません。靴を脱いでトントンと楽に上がります。左側は一段で、腰かけて手すりを持って靴を脱いだり履いたりできるようにしてあります。

外国の方は、日本人のこの靴を脱いで家に入る習慣こそが、家のなかにウイルスを持ち込まない、

正面玄関

感染予防になっていると言われます。

玄関正面にはパネルヒーターを設置しています。寒い季節にはこのフックに上着をかけて温めるだけでなく、濡れたコートも乾かすことができます。お客様がお帰りのときには、ほどよくコートが温まっています。

宿泊されたお客様は、朝、家の周辺を散歩して帰って来られると、必ずみなさん「この家、ほんとに一六坪？」と聞かれます。

狭さを感じないようです。

引き戸をオープンにすると家じゅうが見わたせるからでしょうか。吹き抜けの構造や玄関ドアの上の縦長の窓も、広さや明るさを感じさせる演出です。

玄関からすぐ、リビングに続く引き戸は手漉《す》きガラスふうの透明樹脂ガラスの窓でリビングやダイニングの様子が見通せ、家のなかの気配がやわらかく伝わってきます。

帰ってすぐの洗面・トイレが大切！

玄関を入ってすぐに左の引き戸を開けると洗面・トイレがあります。家に帰って来たらまず手洗い・うがいをすること、

玄関から入ってすぐの洗面・トイレ

外から訪ねて来られた方にも。これからの時代の暮らしではますます重要になってきます。

私は三人の子育ての経験から、帰って来てすぐ一番に洗面・トイレが重要、と「住育の家」では、ずっと玄関の近くに、洗面所とトイレを設置することを提案し続けてきました。

今回、世界中がコロナ感染拡大で大変なことになっても、「住育の家」で暮らしている家族のみなさんは、恐怖感もなく、外出自粛でステイホームになっても、みんなが家にいることで家族が仲良く、楽しく暮らしておられるという報告を聞いて嬉しくなりました。

「コロナ禍以前から、帰宅直後の手洗いの励行はずっと続けていたし、普段から東西南北に窓があり、風が吹き抜け、換気もしっかりできるので、家が守ってくれているようで、安心です」と言われます。

吹き抜け、自然の営みが伝わる天窓

リビングに入ると、天窓からの明かりがやさしく包み込んでくれます。天窓は、二〇年間、私が住んで暮らして検証してみた結果、「最高！」です。

特に雪の日や、満月の夜など、家に居ながら自然の素晴らしさがドラマチックに伝わってきます。

天窓の下の「幸せソファ」に座り、天窓から空

吹き抜け天井

を眺めるときは、至福の時間……最高のときが流れていきます。

また吹き抜けの空間は、家のなかに空気の流れを生み出します。一階と二階で家族の気配が伝わり、自然にコミュニケーションをとることができるのです。

ほっこりする居心地のよいリビング

風や気を流すためにも、空間を有効利用するためにも、ドアではなく、引き戸をお勧めしています。日本家屋の先人の知恵に学びたいのです。

特に敷居のない引き戸にこだわったのは、今は亡き母が、老いて車イスだったからです。簡単に開閉できて、車イスでも一人で自由に移動できるように。手足、身体が思うように動かない人にとってやさしい住空間は、健常者にとってもやさしい、といま実感しています。

リビングに入ると天窓があり、モンゴル人のお客様は、この家はゲルを思い出すと言われます。

リビングの腰窓は、外観のデザインを考え、出窓にしました。ここ

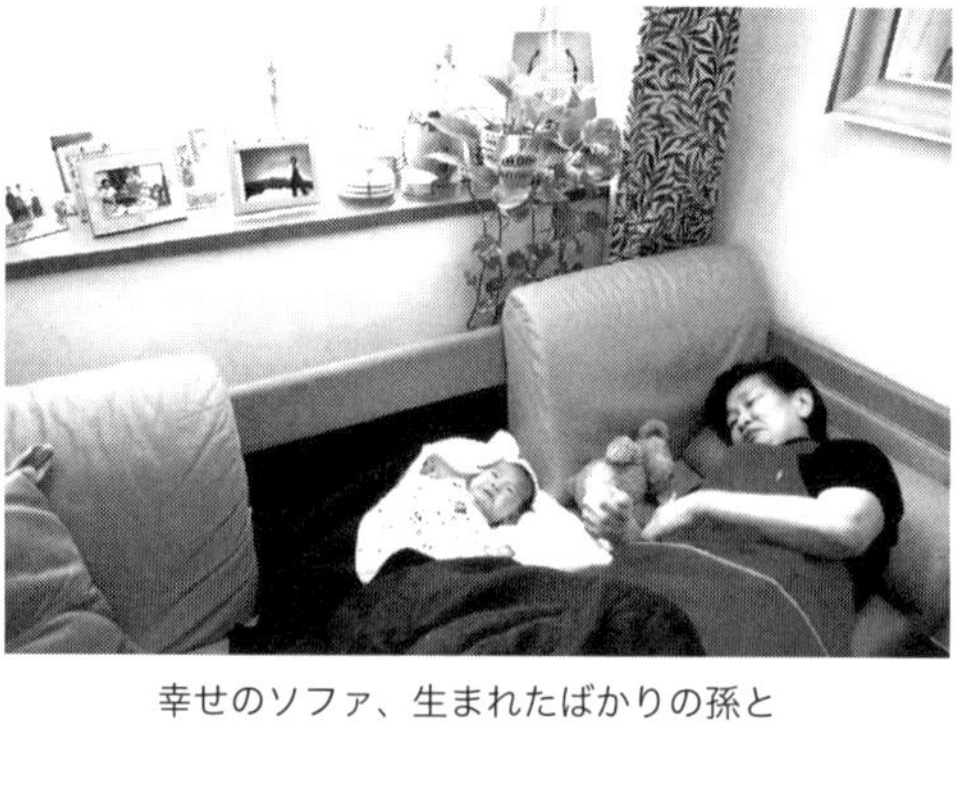

幸せのソファ、生まれたばかりの孫と

明るいリビング

には思い出の品々や、大切な写真を飾っています。

その下にあるのが自分でデザインしたオリジナルの「幸せソファ」です。心身が健康になるという天降石を砕いてねり込んだ綿をソファとクッションの中に巻きました。ここに座ると血行がよくなります。この「幸せのソファ」は、私の最高の休息場で、超越瞑想をする場所でもあります。

疲れたときはここに横たわり、癒しのひとときを楽しみます（次女がお産で里帰りしたときも、背もたれを外すと生まれたばかりの孫と一緒に寝られる最高のベッドになり、重宝した最高のソファです）。

ソファの色にあわせて、床にはウィリアム・モリスのじゅうたんを敷きました。濃いグリーンと、ベージュと、黄土色。イギリスの王室で一〇〇年前から使われていた落ち着きのあるデザインが、すべてを調和させてくれ、二〇年間、癒し続けてくれています。

会話が弾むダイニング

リビングに続くダイニングには、無垢《むく》材の丸いテーブルと、「お母さんのためのイス」がセットされています。座り心地がよく、立ったり座ったりしやすく、おまけに掃除機を片手に、もう一方の手でひょいとイスを持ち上げられるように工夫した、まさにお母さんの声をか

ダイニングからリビングをのぞむ

たちにしたオリジナルです。

丸いテーブルは、日本家屋の茶の間に昔からあったちゃぶ台をイメージし、そこにオシャレな脚をつけました。会話が弾み、ここにみんなが集いたくなる。そんな場所にダイニングのテーブルです。

丸いかたちは一人で食事しても寂しさを感じさせず、座れる人数に融通がきき、急の来客でも七、八人まで一緒に食事が楽しめるという優れものです。

みんなで調理したくなる仲良しキッチン

私は人と一緒に何かすることが大好きです。一緒にお料理をつくったり、片づけしたり、私が教えてもらったお料理をみんなにも教えたい……それでみんなで作業しやすく、オープンな「仲良しキッチン」を考えました。この二〇年間で、何人のみなさんとこのキッチンでワイワイ料理をつくってきたことでしょうか？

まったく料理をしたことがないという社長さんたちまで、ここでお料理の楽しさを覚え、ご自宅でも料理されるようになったり、ミラクルな実話がたくさんあります。

みんなでクッキング

家族みんなが片づける、散らからない収納

大勢でお料理を楽しむことができるのは、キッチンの優れた収納性に秘密があるからです。

住まいの相談のなかで多いのは、やはり「収納」に関するものです。「家のなかの物がすぐに散らかって片づかない」。「住育の家」では、家族が一緒に物の指定席を決めて必ず元の場所に戻す!! という提案をしています。

私も共働きで日々時間に追われていた頃は、家事、子育て、現場とさまざまな雑用をこなさなければならず、いくら片づけても、家のなかがすぐにごちゃごちゃになり、必要なものが出てこないなど、大きな悩みのタネでした。

だからキッチンでは、鍋を入れる引き出し、調味料を入れる引き出し、器はここ、漆器類はここ、ご飯のおちゃわん、小皿、と大まかですが、誰が見ても一目瞭然にしてあります。

洋服なら、シャツや下着類はここ、セーター類はここ、靴下はここと、用途ごとに場所を決めます。洗濯物は乾いたらカゴに入れて、時間の合間にたたみます。

引き出し式のお皿収納

収納のポイントは、家族みんなでルールを考え、物に指定席を決めることです。そうすれば自分以外の人も片づけることができます。散らからない部屋は掃除のしやすさにもつながります。

キッチンは命です

キッチンには性格があると思います。私と隣の長女のキッチンは、正反対です。

私はお客様と一緒に料理をつくること、片づけることを一緒に楽しみたいタイプ。長女は誰に似たのか？　完璧にホストに徹するおもてなしタイプです。お客様にはあくまでもゆっくりしていただく。「キッチン内部は、お客様お断り」と、裏方を見せないタイプです。キッチンのあり方は、使う人の考え方、おもてなしの方法によって違ってきます。自分の家族にピッタリの仕様を見極めてくださいね。

さらにキッチンは、オプションをつけるほど、お

みんなでやることを楽しむキッチン

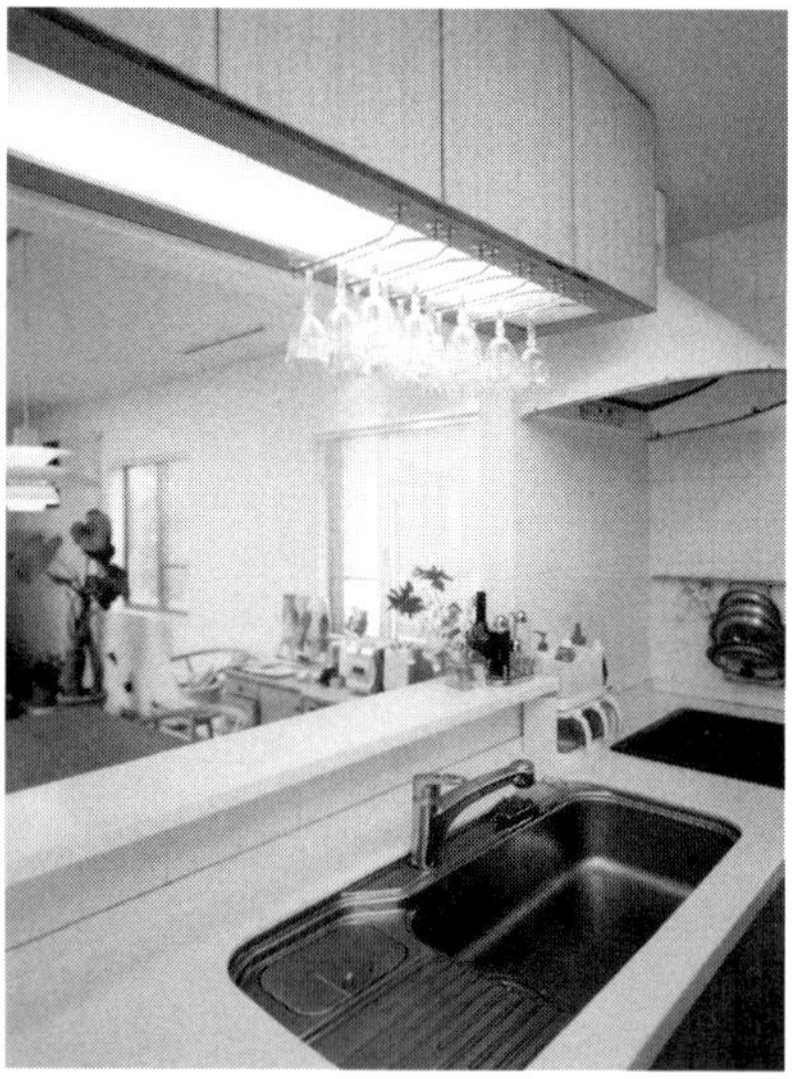

完全おもてなしキッチン

金をかけるほど、自分にとって使い勝手の良いキッチンになる、というものではないことをしっかり覚えておいてください。

私自身も、あれこれオプションをつけて検証してみましたが、けっきょく自分の持ち物に合わせて、シンクの近くに炊飯器やトースターなどをビルトインできるシンプルな造作家具をつくってもらいました。

ただし、いずれのタイプでも、家族やお客様のほうを向いて作業する「対面式」が基本です。主婦が一人、壁に向かって孤独に調理したり洗い物をしなければならないタイプは避けましょう。

キッチンのアトリエスペース

新築したての頃、キッチンの続きのスペースにはドイツ製の洗濯機が陣取っていましたが、一〇年後にプチリフォームしたとき、アトリエスペースに生まれ変わりました。絵を描いたり、書き物や読書をしたりする、いわば主婦のアトリエです。ところが一〇年、絵を描くこともなく、今ではノートパソコンとプ

現在はパソコンスペース

キッチンのアトリエ

リンターを置き、ネット作業のスペースになっています。

みなさんの夢は何ですか？　私は、「老後の楽しみに……」と言ったら、娘に大声で笑われました。「老後っていつ？」「いまやらなきゃ、いつやるの？」というわけです。「いつかやろう」と思っていることは、「今すぐ」はじめましょう（笑）。これは何歳でも、同じです。

そのためには、日々の暮らしのなかでその楽しみを実行できるスペースを「場所」として確保することが重要です。

消える？　魔法の廊下

我が家の廊下は、毎日三〇分だけ、消えてしまいます。「エッ？　忍者屋敷？」。答えは、三〇分間、私がバスタイムを楽しむからです。実は、廊下としても多目的に使えるように、洗面・トイレとお風呂、キッチンが一続きの廊下になっています。

オープン以来、全国からたくさんのみなさんが見学に来られ、

廊下になるお風呂

トイレ側からバス・キッチンをのぞむ

建築のプロのみなさんも、この洗面・トイレ、風呂に大注目。廊下としても使える工夫にびっくりされました。

「目からウロコ。玄関に入るなりすぐ引き戸を開けると、洗面・トイレがあり、折戸を開けると風呂があり、また開けると、そこはキッチン、それが一本の廊下になっている。しかも壁につけたパネルヒーターでタオルを乾かしてしまおうなんて！」

自分が歳をとっても元気でみんなと仲良く暮らしたい。お友達の顔を見たり、孫たちとワイワイ騒ぎながら、暮らしをもっと楽しみたい。建坪一六坪の苦心の作です。

温度のバリアフリーって？

「バリアフリー」というと、段差がないことの意味に使われることが多いですが、障害をもつ人が健常者と同じように動けるようにすることがバリアフリーです。階段や段差のある所などには、手すりをつけて楽に上がり下りできること、特にお風呂場には、山型、L型などの手すりを工夫して、事故防止を考えたいものです。

そのうえ、私は温度のバリアフリーをとても重要に

真っ赤なパネルヒーター（左側）

考えています。私の父も倒れたのですが、冬、暖かい布団の中から寒いトイレに入ると、急な温度差で脳血栓や心臓発作を起こして倒れる人が多いのです。

布団の中とトイレの温度に極端な差がないように、ほのぼのと暖かくして、温度の差を少なくすることを考えたいのです。昔はともかく、今でもこんな簡単なことが活かされることが少ないのはなぜでしょうか?

ひとつには、どうしても全体の間取りの関係で、トイレの空間が狭くなってしまう、という問題があります。

そこでトイレと洗面をひとつにすることでスペースを広く取り、そこにパネルヒーターを取り付けました。はだかになる場所、トイレ、洗面所・脱衣所には、寒いときも二四時間ほのぼのとした暖かさを保つことが、温度のバリアフリーだと信じています。

このあったかトイレのおかげか、「住育の家」に住むご家族の子育て中のみなさんは、乳幼児のおむつが早く外せる、と言われます。

でも、けっして過剰な暖房はしないこと。過保護は禁物です。

家事動線がいいと時間に余裕が生まれる

「家事も、子育ても、介護も、同時にラクにできる」「隙間時間に家事ができるから、時間に余裕ができる」……「住育の家」にお住いのお客様からの共通したコメントです。

いろんな企業さん、メーカーさんが来られて、調査されたのですが、家事動線によって毎日の時間の流れ、家事の所用時間は本当に違うのです。

「住育の家」では、キッチンで食事のあと片づけをしながら、家族と会話をしたり、子どもたちの宿題や時間割をチェックしたり、介護の必要な家族が入浴しているときも、声が届くすぐそばにいて家事をしながら見守ってあげることができます。

隙間の時間でいろんな事がこなせたり、同時進行できるので、そのぶん自由な時間ができて、趣味を楽しんだり、子どもたちにゆっくり本の読み聞かせをするなど、自分のやりたいことがたくさんできるのです。

和室の魅力

最近の日本の住宅では、畳のある和室が少なくなっています。

家事動線は抜群

リビングからも和室の仏壇が見える

和室の魅力は無限です。和室の存在が病気を防ぎ、日本人の健康を維持してきた、という話を聞きました。和室は多目的に使える日本にしかない最高の空間だと思っています。

「住育の家」では、和室がとれない小さいお家にも、畳を取り入れるよう提案しています。畳がもたらす精神安定効果はとても高いと思います。「住育の家」での和室の提案で、お客様から届いた報告では、

・いぐさの匂いに今まで感じなかった自然を感じます。
・夏、家族で川の字になって一緒に寝て、みんなで満月に感動しました。
・畳の和室があるおかげで、入浴後の赤ちゃんの世話がとても楽です。
・リビングの板の間に畳を敷いたら、お昼寝が気持ちいい！

などなど……。

畳の部屋に仏壇を置き、正座し、先祖に手を合わせることは、「感謝する心」につながります。ストレスをいっぱい抱える現代だからこそ、和室や畳、仏壇を見直してほしいのです。

いつか、和室は看取られ部屋にするのです

私自身、毎朝仏壇に手を合わせることから一日をスタートしています。そしてゆくゆくはこの部屋にソファベッドを設え、最期のときを迎えたいと思っています。お世話になった人に「ありがとう!!」と

伝えられる看取られ部屋にすることを考えています。（今はお客様にも使っていただいています）

お姫さまベッドルーム（ゲストルーム）

インテリアの勉強で、何十回と通った海外で憧れたのが、お姫さまのベッドルームでした。天蓋《てんがい》の下で眠ってみたいと思い、つくった寝室です。

素敵な天蓋、カーテン、ベッドカバーに、クッションに、外国製のベッドまで揃えて完成。熟睡できるように、健康に配慮した天降石のシーツに羽毛布団まで準備万端！

最高のお姫さまベッドルームができ、主寝室に……と思ったのですが、田舎育ちの私にはどうも窮屈。そこで、このお姫さまベッドルームは、最高の寝室としてゲストルームに変えました。

それからは、お客様は男性もすべてお姫さまベッドルームでお泊りしていただいていますが、多くのお客様から、「熟睡できました！」「海の底に引きずり込まれたような気持ちいい快

＜リニューアルした今＞　　お姫様ベットルーム　　＜20年前＞

眠でした！」「爆睡！」とうれしい感想を聞かせていたいています。

ベッドルームだけは、子どもたちが「自分も早く大きくなって両親のような豪華な寝室に寝たい!!」と憧れるようにしたいものです。

働いても働いても布団の敷きっぱなしの寝室では、子どもたちに将来の夢を与えられないのでは？

健康の源は主寝室にあり

さてお姫さまベッドルームをゲストルームにした私は、今度は子どもたちと幼い頃、一緒に見たテレビマンガ『アルプスの少女』ハイジの屋根裏部屋を思い出しました。

天井が斜めになっているロフトに、のぞき窓をつけてもらい、シンプルで寝心地のいいベッドを置きました。一階のリビングの延長のようなロフトにウィリアム・モリスの「ウィローボー」（柳の木）柄と同じカーテンを取り付けてもらい、掛け布団までモリスの「ウィローボー」柄を探しました。

今の主寝室（ハイジの屋根裏部屋）

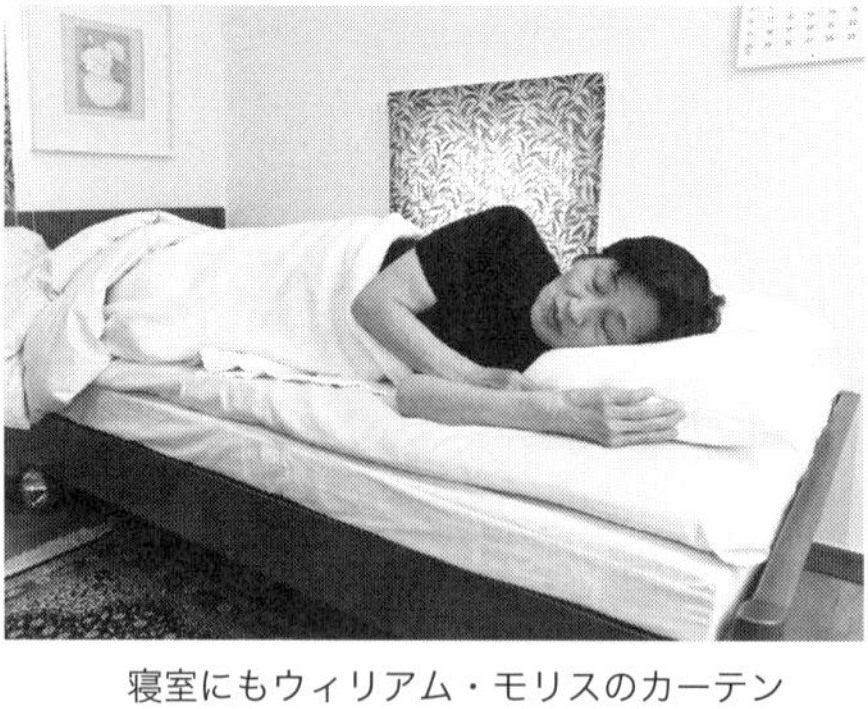
寝室にもウィリアム・モリスのカーテン

それから二〇年、今では枕やタオルケットや小物まで快眠のための実験・実証をずーっと続けています。このロフトのある主寝室は、気の流れがとてもいいようです。

毎日、快眠、熟睡です。それだけでなく、以前は朝、低血圧で起きられなかったのが、どこかに吹っ飛んでしまいました。これは私だけでなく、「住育の家」にお住まいのお客様も同じように言われることが不思議です。

究極のカーテン（ウィリアム・モリス）

主寝室で快眠したり、リビングでほっこりできるのには、カーテンがもつ力が大きいのです。

何十年前、私に「世界のカーテン」を教え視野を広げてくださったのは、マナトレーディング社の斎藤氏でした。

波乱万丈の人生を乗り越えてこられたのは、たかがカーテンされどカーテン。カーテンで人生が変わった、このカ

ウィリアム・モリス　究極のカーテン

ウィリアム・モリスギャラリーにて

ーテンに出会ったから今がある！　とさえ思っています。

ウィリアム・モリスのカーテンは、装飾品、インテリアの域を超えている！　と感じ、「生活に必要なものこそ、美しくあるべきだ」というモリスの言葉に共感した私に、イギリスまで行って勉強させていただき、モリスの小冊子まで制作させていただいたほどです。

モリスに学び、私自身も「毎日の暮らしに、もっとこだわりたい！」という思いを持続させてきたからこそ「住育の家」にたどりつけたのだと思っています。

没後、一〇〇年以上たった今も世界中に多くのファンがいるモリスのカーテンは、素晴らしい癒しを与えてくれます。

暮らしをもっと楽しむ私の必需品は、梯子《はしご》

さて、私の主寝室はロフトにあるのですが、二階にも廊下がないために、お姫さまベッドのゲストルームにお客様がお泊りになる夜は、寝室に行くことができません……。そこで思いついたのが、リビングから寝室に直行する梯子でした。

また以前からずっと気になっていたのが、次

暮らしを楽しむ梯子

世代を生きる子どもたちの体力低下です。木登りができなかったり、足踏まずがなくなっていることを知り、孫のためにもいよいよ梯子を実行。

日本の間伐材を生かしてつくった梯子で二階へ上り下りしたら、大人も土ふまずが刺激されて自然と内臓が活性化するし、子どもの体力もアップする。そんな梯子をつくってほしいと、大工さんに無理をお願いしました。

運動不足気味の若い人にとっても、健康維持に役に立つこと間違いなしと思っています。

見学に来られたみなさんが興味をもたれ、これまで一〇組がリフォームされました。いまでは私の暮らしにとってなくてはならない必需品です。

ほったらかしガーデン

我が家の庭は、みなさんによく「素敵ですね」とお褒めいただくのですが……。申し訳ないですが、実はほったらかしなのですが、ずーっと自然に次々と花が咲いて楽しませてくれるのです。

年に二回くらい、庭師さんが来て手入れしてもらう他は、家族で草抜きを数回するだけ。あとは、真夏の暑い

四季の花が咲く庭

時期に水やりをする程度です。本当に、ほったらかしガーデンです。

でも、二〇年前に植えた花の球根が、毎年それぞれの時期に、きれいな花を咲かせて楽しませてくれます。

玄関脇に、冬から春にかけてクリスマス・ローズが真っ白で可憐な花を咲かせ、黄色いチューリップがかたまりで咲き誇ったり、紫陽花、アカンサスの花や、真っ赤なきりしまつつじも咲きます。二〇年でずいぶん大きくなったケヤキの足元に咲く白い小さな花など、一年中、いろいろな花が順番に咲き誇り、家族や地域のみなさんを癒してくれています。

「なぜですか?」と言われますが、たぶんお花と会話することぐらいでしょうか。「綺麗に咲いてくれてありがとう」本当にこんな些細な言葉をかけるだけですが、案外それが素敵な庭をキープするコツではないかと思います。

ステイホームでもこんなホームオフィスがあれば大活躍

一〇年前にリフォームしたとき、二階の書斎の家具の配置を変えました。

一部屋をホームオフィスに

気分を一新するため、比叡山が見える東向きにパソコンを置き、アイディアを練る空間に。北向きにも机を置いて、書類をまとめたり、考え事をする空間に。打ち合わせができるように丸テーブルも置きました。家相をずっと勉強している次女せつ子が来て、「この部屋の家相は最高！」と褒めてくれました。そうしたら気分一新、運気がアップしたようです。自宅にもこんな部屋が一部屋あれば、ステイホームでも自宅で仕事（ホームオフィス）をすることが可能です（東京の賃貸高層マンションでもホームオフィスをつくって提案しました）。

今年からはこの運気アップする書斎でコンサルの仕事、打ち合わせやマンツーマン研修と、さらに有効活用する予定です。

住みながらいまだに暮らしの実験・検証中

私の家は、けっして豪邸ではありません。建坪わず

酵素水で元気回復（!?）実験中（中央）

ペレットストーブも検証しました

か一六坪です。

岩倉は京都市内と比べて気温が三〜五度ほど低い地域です。でもここで二〇年、冬を越してみて、寒さは感じませんでした。断熱工法のおかげか、ペアサッシのおかげか、あるいはホタテ健康塗り壁のおかげでしょうか。自分で住んで体感してみないと納得できない私は、ペレットストーブやいろんな冷暖房器具も試し実験してきましたが、まだまだエコウィンで健康によく、環境にもやさしい設備を検証中です。

今年の二月も、二五年間、通っているモンゴルのトンフェル村へ行ったとき、零下四〇度の気候でしたが、私の身体は自らをコントロールしてくれ、風邪もひかず無事に帰宅しました。「あなたはエネルギーのかたまりだ」と、モンゴルのみなさんが驚かれたぐらいです。

二〇年間、「住育の家」で過剰な冷暖房のない家で風邪もひかず薬も飲まず、健康的な暮らしを続けてきたことが、知らず知らずのうちに私を元気にしてくれたのでしょうか。私自身がオープンハウスのモデルだと思っています。

ウィズコロナを生き抜く決め手は「家」

コロナ禍では、コロナ離婚、コロナ虐待、とうとうコロナ殺人まで現れました。長時間、長期間、家族が一緒に家に居て共に過ごすステイホームは、「家族」のあり方、「マイホーム」のあり方を大きく問い直しました。

住まいが、そこに暮らす家族にとってコミュニケーションを良好にとれる居心地のいい場所にならず、癒しの空間でない、家の中に「ほっこり」とできる、家族が集まれる空間がなく、整理整頓ができず、イライラ、ストレスを抱えている家族が多くなっているのでは……と思います。

コロナもインフルエンザの一種のようになるかもしれませんが、これから先も、ソーシャルディスタンスやマスク着用が当たり前になり、生活の仕方が変化していくのかもしれません。

それでも全国に広がった「住育の家」に住むみなさんは、それぞれに工夫して、コロナ禍もステイホームも、楽しく幸せに安心して暮らしておられます。

家族が幸せに、これからの時代を生き抜く決め手はなんといっても「家」だと思います。

これからも実験・検証を

私は教師を退職して建築家になり、身体と心に本当に健康な住宅とは？　半世紀（四九年間）、考え抜きました。そして、自然の素材をたくさん取り入れて、ホッとできる「お母ちゃんの家」が完成しました。そこからこの「住育の家」にたどりつきました。

第一号のこの家のアイディアは、ほんの一例に過ぎません。

この家は、私が一人で老後を〝生涯青春・生涯現役〟で生活する場です。

観賞するための作品ではありません。住まいはそこに暮らす人があってはじめて生きるのです。そして、住まいは、人や家族にそれぞれの個性があるように、その人、その家族の「願い」に沿ったものでなくてはなりません。

　私は、この「住育の家」「お母ちゃんの家」で暮らしながら、これからも死ぬまで、住まいに関するさまざまな実験・検証・研究を続けていこうと思っています。木や石などの素材、水、酵素水、波動、電磁波、マイナスイオン、化学物質、カビ等々……、医学にも学び、健康障害の予防ができる家づくり、ウイルスに強い家づくりなどにもっと取り組んでいきます。住まいと暮らし、心と身体の健康の研究を重ね、娘たちや、まわりのたくさんの協力者のみなさんと一緒に生涯現役でがんばっていきたいと思っています。

　四九年前に、家族間の殺人の起こらない家、幸せな家族を一家族でも増やしたい、とスタートした家づくりですが、この三冊目の「住育の本」が、これから全国で、そして世界で、少しでもみなさんのお役に立てれば、と心から願っています。

「ありがとうございました」

★コラム①★

大都会の高層マンションに移り住んで 実験・検証・実感し学びました

私は、住まいづくり半世紀の間、自分で実験し検証し五感で感じたことを大切にしてきました。そのなかで、まだ一度も体験したことがなかったのが〝高層マンション〟の暮らしでした。住育の活動で東京で動くことが増えたとき、「これも実験！チャンス！」と、2014年から、東京品川駅近くの高層マンションの地上36階建ての18階部分、70～80㎡の4LDKのおしゃれな一室を借りました。マンションを京都の「住育の家」のようにトータルコディネートし、毎日の暮らしをオープンハウスにしよう！と考えました。

ベッドルームは、セミダブルのベッドを二つ購入し、ウィリアム・モリスのカーテン、ベッドカバーをあつらえました。

リビング・ダイニングは、みんながワクワク集まりたくなる仕掛けを考えました。既製品ですが収納も見せました。一人暮らしでも楽しいシーンが見られるようにと、自宅オフィスも提案しました。今、ステイホームでお困りの皆さんに見てほしかったなぁ！と思います。

マンションの窓から見える夜景は抜群でしたが、しばらく経つとマンションはコンクリートばかりなので縁側がほしくなり、ベランダに木材でウッドデッキを作ってもらいました。高層マンションは通常、15階までは窓が開きますが、それ以上の階は風が強すぎるため窓が開閉できない物件が多く、

高層マンションでトータルコディネートし、実際暮らしてオープンしました。
左がベッドルーム、右がホームオフィス

私の部屋もそうでした。室内に自然の風が取り入れられないので、気密性の高い空気を少しでも和らげようと、ベランダに花や植物などのプランターを置いてみたり、家庭菜園で土に触りたいと、群馬県から田村のオヤジさん親子に持ってきていただきました。

引っ越しの前日にビニールクロスを貼られたようで、化学物質でシックハウス症候群を発症し、吐き気に下痢、片頭痛に悩まされましたが、滋賀県から塗装屋さんがマンション全室にホタテ健康壁塗料を塗って助けてくださいました。ほかにも、生体エネルギー、インテリアファブリックのマナトレーディングさん、飛騨の日進木工さんの家具などにも、大いに助けられました。

大都会でのミセスリビングの高層マンション版のオープンモデルルームとして、全国からみなさんをご招待したり、「住育の家」づくり工務店さんの研修会、住育アドバイザーの研修会、「住育コミュニティ」など、いろいろ開催させていただけました。

しかし人という生き物は、地球から大地のパワーをもらって生きています。そのパワーが届くのは、集合住宅では5階の高さぐらいまでと言われています。今回の実験では、賃貸マンションでしたから間取りは変えられませんでしたが、住育視点で一番大切なのはやはり「キッチンは命！」だと痛感しました。独立キッチンでは、料理をしながら何かをする隙間時間が使えず、お鍋を火にかけて他のことをしていて、火事を起こしそうになった大失敗もしました。高層マンションでの実験・検証・体感した工夫を生かし、ステイホームで家族が長く家にいても楽しい暮らしができるよう、必ずお役に立てたいものです。

高層マンションのリビングでの住育マスター研修会

第2章

「住育の家」で幸せになりました

「住育の家」に住む ― 全国一一軒の家族の声 ―

① 東日本大震災を乗り越えて辿りついた子どもが良い子に育つ家
～子どもの意見もしっかり取り入れ、家族一人ひとりを尊重

仙台市
植松邸

東日本大震災を乗り越えて

私たちは結婚してからずっと、夫の会社の社宅に住んでいました。でも社宅はいずれは出ていかなければならないし、賃貸でいくのか、思いきって自宅を購入するのか考えはじめた頃に、東日本大震災が発生したのです。二〇一一年、上の子がまだ一歳でした。

さいわい私たちが住む周辺の地域は無事でしたが、仙台市や宮城県全体では大きな被害があり、親戚や知人の多くの家族が被災しました。

とにかく不安な毎日でした。あのときはみんながそうでしたが、震災で価値観が大きく揺らいだことは事実です。「家を建てたってどうせまた流されちゃうんじゃないの？　だったら家なんか買わないほ

植松さん一家

うがいいのでは」と思ったりもしました。でも逆に、「家って、家族って何なんだろう」そんなことを考えるいい機会になったことも事実なのです。

それから数年が過ぎ、精神的にも少し落ちつきを取り戻しはじめた頃、以前からネットで知っていた「住育の家」の情報を改めて詳しく調べるうちに、『幸せが舞い降りる「住育の家」』の本を取り寄せて、次第に住育の考え方に惹かれるようになっていきました。

「ただいま」「おかえり」の家

私が「住育の家」に特に惹かれたのは、子ども（家族）が、「ただいま」と言って家に帰ってきたとき、「おかえり」と言って母親（家族）があたたかく迎えられる家でした。お互いの姿が自然に見える、気配が感じられるような家の造りが大切だと、改めて感じました。

私はＳＰ（言語療法士）の仕事をしていて、結婚後もずっと共働きをしているので、現実には子どもたちのほうが先に学校から帰っていて、私は帰ってきたとき「おかえり」と言ってもらう側だったのです。だから一層、家がもっている、家族を支えていく機能という考え方に惹かれ、ほかの住宅業者にはないと思いました。それで、小さくてもいい、「住育の家」で、自分たちの家を建てようと決めました。

そうして、単身赴任をしていた主人が仙台に戻ってくるタイミングに合わせて、二〇一八年完成に向けて、わが家の住育の家づくりが動き出したのでした。

「おもちゃを片づけやすい家がいい」

「夢マップ」づくりで聞き取りをすると、まだ小さい下の子は「犬がほしい」と言いました。夫の夢は、「とにかく、妻の私がイライラせず毎日を機嫌よく過ごせること」。それから「メダカが飼いたい」と。私の夢は、「子どもたちが元気でいられること。私が家に帰ったとき、家のなかが片づいていること」でした。その頃の私は、とにかく家のなかが散らかっていることで、毎日イライラしていたのです。

これに対して上の子は、保育園の年長さんで、まだ小学校にあがる前だったのですが、「新しい家は、おもちゃがちゃんと片づけられるような家がいい」と言い、夫と私を驚かせました。

普段、親である私たちは、とにかく「片づけなさい！」と号令をかけるばかりですが、子どもにしたら「どうやって片づけたらいいの？　片づけようがないよ」と困っていたのです。片づけの方法について子どもに意見を聞いたりすることはありませんでした。これには「子どもだと思って、軽視してはいけないな」と反省させられました。

当時の長男の一番のお気に入りはレゴブロック。「お片づけしなさい！」と言われ、大きな箱にガラガラとなんでもかんでも放り込まれるのが不満で、苦労して集めたパーツや共通の部品を分けて保管しておきたい、つくった作品を飾ったり、制作途中のものを置いておけるような棚がほしい、そんな思いをもっていたのです。

そこで当初は天井まで全面の棚にする予定だったのですが、それなら、「腰ぐらいの高さにしてその上につくったものを乗せられるようにしようか」とか、「ブロックが分類できるような小さなカゴがいくつか必要なんだね」とか、幼い子どもと、そんなやりとりをしたことが強く印象に残っています。

私たち大人は普段、子どもが過ごしやすい環境はこうだろう、と勝手に想像して一方的に決めつけがちですが、子どもでもしっかり自分の意見をもっている、それを家族の一員として尊重することが大事なんだと思い知らされたのでした。

「家族が仲良く暮らす」という価値

夫が飼育するメダカは順調に繁殖を続けています。現在、小学校三年と一年になった二人息子は、どちらも本が大好き。探究心旺盛な小学生に育ちました。

この間のコロナウイルスの感染拡大による学校閉鎖で、毎日、自宅で過ごさないといけなくなったときも、とにかく兄弟の仲が良くて、二人一緒にいれば退屈することがないのです。いつでも自分たちでなにかしら楽しみを見いだし、好きなことに思い切り集中できるチャンス、ととらえて、

長男の意見を取り入れたレゴブロックが整理しやすい棚

うまく時間を使っているようです。もちろん片づけもちゃんとしてくれます。

自分の所有物の管理について、自分の意見をきちんと聞いてもらえ、家づくりに積極的にかかわれたことが息子にとってはいい経験となり、親子関係にとってもかけがえのない体験になったのです。

震災で壊れ、津波ですべてが流された街を目の当たりにして、賃貸暮らしのほうがいいと思ったこともありました。私自身、親が転勤族で、ずっと賃貸で育ったので。だけど、「こういうスタイルの生活がしたい」と思ったとき、それをあきらめず実現できることが持ち家の強み、「住育の家」の強みです。

家を建てたら当然、ローンを払っていかなければなりません。

じゃあ何に対してお金を払うのか、何に価値を見いだすのか。大きな家や豪華なインテリアは、なくせばそれでおしまいです。でもお母ちゃんが設計してくれた「住育の家」で育まれる〝家族〟という財産はなくなることがありません。

震災を乗り越えて、私たちはこじんまりしていても〝家族が仲良く暮らせる家〟というコンセプトに価値を見いだせたのだ、と思っています。

そんな思いもあって、二〇一九年一月、仙台で「住育の家リフォームフェア」が行われたときは、家族四人揃ってお手伝いをさせていただきました。

仙台リフォームフェア

② 保育士だった私があこがれの「住育の家」に住んでみて
～おばあちゃん、息子たちとの三世代住宅

京都市
原田邸

『大丈夫だよ、お母さん』——本との出会いがスタート

きっかけは一冊の本でした。（『大丈夫だよ、お母さん』宇津崎光代・友見著、いろは出版）

私は保育園で三三年間保育士として勤務していました。ある年の「母の日」の取り組みを考えていた頃のことでした。今年はどんなことをしようかな？　と考えながら、書店に行くと、この本が平積みされていて、とても気になって手に取ってみると、カラフルで楽しくて一目ぼれで購入しました。そしてそのなかから「お母さんの右手」というページをヒントに母の日の取り組みをすることにしたのです。

つきあたりがおばあちゃんの部屋

次の日さっそく、園で子どもたちに「今日、おうちに帰ったら、お母さんの手をよく見たり、触ったり、なにしているか見てきてね」と伝え、翌日「お母さんの手ってどんな手？」と聞くと、子どもたちから

は案の定、『大丈夫だよ』の本の中身そのもののような答えが返ってきました。「じゃあ、そんなお母さんの手を思い出して、絵を描いてプレゼントしよう」という取り組みをしたのです。そのときから、この本が大好きで、保育のいろいろな場面で活用してきましたが、保育士としてだけではなく、一人の働く母としても、私の〝応援本〟になっていました。その本から知った「住育」という考え方が、さらに私に刺激を与えてくれました。

保育の仕事に生かすため住育の勉強を

実際の「住育の家」と出会ったのはその数年後です。友人から「住育の家・リフォームしたので、オープンハウスしているよ」という知らせが来たのです。興味津々で行ってみると、なんと、本の著者・宇津崎さんがいたのです。大感激で宇津崎さんに直接「住育」の考え方をたくさんお聞きしているうちに、保育士としても母としても、子育てや家族のあり方などの考え方の幅が広がった気がしました。

私は、子育ての相談などをたくさん受けますが、私たち保育士が知っているのは保育園での子どもの姿だけ。解決に導くには、園だけではなく家に帰ってからのことも含めて、保護者に寄り添いたいと思っていた私は、「住育」の考え方があれば、心から「お母さん大丈夫だよ」と言ってあげられる、と思いました。

「子どもの生活リズムの乱れ、身の回り、忘れ物の多さ。もしかしたら家のなかが片づかないのかな？お母さんがイライラしてしまうのは、もしかしたら家のなかの家事動線や間取り、住環境が大きく影響しているのかもしれない。それならお母さんのせいではない。大丈夫だよ！」と。

さらに「住育の考え」を学びたくなり、ミセスリビング主催の「住育アドバイザー講座」を受けました。そして保育士としてだけでなく、自分の家もいつか「住育の家」にしたいと思うようになりました。

その後、父が亡くなったことをきっかけに、ついに私も老朽化していた実家の家を建て替えることになり、迷わず、実母との二世代同居を「住育の家にする」と決めました。

ここからわが家の三世代同居・住育の家新築プロジェクトが始動したのでした。

ついに念願の住育の家を建てる！

建材には京都産の杉材を使用し、床も杉材で柔らかく暖かです。壁はホタテ貝入り塗壁。玄関部分の仕切りを開け放せば、玄関からリビングまで一望できます。これを機に母との同居になったので、子どもたちは学校から帰ると、一番奥にあるおばあちゃんの部屋をめざして、「ただいま！」と一直線で駆け上がってきます。

以前は、息子たちが学校から帰るなり制服をあちこちに脱ぎ散らかし、カバンを放り出すのが私のストレスでした。制服だけのことなのに、まるで子どもの人格までも否定しかねない状態です。しかしそれは「毎日の生活の動線」を検証することで解決しました。子どもたちは、帰る↓トイレ&手洗いうがい、となるので、手洗い場横にある階段下収納庫を制服の置き場所にすることで、自然に片づけるようになりました。

また、サッカーの練習で汚れた服や靴も、以前は風呂場で私が洗っていたものが、屋根付きのサンルームにスロップシンクを設置したことで、子どもたち自身が汚れた服や靴下を下洗いして洗濯機に入れる、という行動に変わりました。環境を用意するだけで、主体的に行動してくれるので、私のストレスもほとんどなくなりました。

また、夜遅く帰ってくる夫の夕飯は、一人で食べることが多いのですが、家族がどこにいても気配を感じるので孤食にはならないようです。たとえ子どもたちが寝ていても、寝息まで聞こえます。

家族は常にリビングにいることが多いので、物の居場所もリビングにあります。リビングにある造作家具には、家族五人それぞれが管理する五つの引き出しに五つのカゴがあるのです。八割片づけて、二割を見せるという「住育の家」設計後継者・せつ子さんの収納術です。住育の設計にしたら、一九坪でも収納スペースがこんなにとれて、室内がこんなに広く使える、まさに驚きの住育マジックです。

二階の南側の一室は、子ども二人でどう使うか相談して決めてもらいました。子どもたちにとっては個室が憧

「ただいま！」「おかえり」

れだったので、可動式の造作家具で区切ってそれぞれの寝室にしています。階段を上がったところは子どもたちが学習できるようにと、本棚や一枚板の机がありますが、どうやらリビングの丸いテーブルが一番集中できるらしく、受験勉強の時期は「みんな、早く寝て！」と言われてしまいます（笑）。

それぞれがそれぞれの夢に向かって！

実は私の次男は二六週、九八四グラムで生まれた超低出生体重児です。今でも未熟児網膜症の経過観察が必要な、ＬＤ傾向があります。しかし次男からは「ありのままで生きる」ということの大切さを教えられます。長男がサッカーをやっていたので、その影響を受けてずっと一緒にサッカーを続けてきて、高校へはなんとサッカー推薦で入りました。しかし大好きなのは、サッカーそのものではなく、サッカーに触れていること。先日は友達の汚れたスパイクを持って帰り、ていねいに洗っているのです。なぜそんなことをしているか尋ねると、「スパイクがきれいになると、みんな喜んでくれるから」と言います。根っからのサッカー好きで、サッカーに関わる仕事がしたいと言います。サッカー選手ではなく、選手が快適な環境でプレイできるように、スパイクを手入れする仕事があるのか？　と調べたりしています。そんな気持ちを家族は全力で応援したいと思っています。

新築して丸二年。家族一人ひとりが、安心の基地を「住育の家」として、それぞれがそれぞれの夢に向かって前進中です。

3 「家」と「庭」を結ぶ「家庭」で、良い子が育った

～テレビで『エチカの鏡』を見て「住育の家」を新築

福岡県宗像市
枇杷邸

庭と家が一体の「BIWA HOUSE」

私たちは福岡県宗像市《むなかた》で、「家族が輝くオンリーワンの庭づくり」を提案するガーデン・エクステリア専門店を経営しています。自宅はフィンランドから直輸入したログハウスでしたが、まず収納がないことが難点でした。

ガーデン&サロンの展示場の延長に、オープンハウスにもできる自宅を新築しようと計画していたとき、たまたま妻がテレビの『エチカの鏡』(二〇〇七年)を見て「住育の家」のことを知り、二人で見学に、京都まで飛んで行きました。

「住育の家」の家族のコミュニケーションが自然にとれて家族が仲良くなれる家、家事動線が工夫されて家事が楽しくなる家、という考え方は、実は庭づくりのコンセプトとも一致して

枇杷さんご夫妻

いました。庭づくりでも、真ん中にテーブルを配置したり、動線を工夫したりして、みんなが集まりやすく、家族の笑顔が集う空間づくりを第一に考えるのです。でも考えてみたら、家のなかがまずそうなっていないと庭でのコミュニケーションも実現しないですね。庭と家は一体です。

二〇一〇年、ミセスリビングの設計で、自宅（BIWA HOUSE）が完成しました。私が三八歳、家内が三五歳、長女が八歳でした。その後、新しい家で待望の次女が生まれて、枇杷家は四人家族になりました。

家のなかでは全員がリビングに集合

当時八歳だった長女は今年一八歳になりました。住育の家と庭で育ったのですが、親が言うのはなんですが、よくお手伝いをしてくれる、ものすごくいい子です。明るくて、なんでも話してくれるし、親やお友達に対しても思いやりがあるというか、人への気遣い、気配りが自然にできる子なんです。将来は家庭科の先生になりたいと言っていますが、やっぱり、住まいや家事や家族といったことに興味があるみたいですね。

「住育の家」では、家族全員がリビングに毎日、自然と集まって来ます。子どもたちはそれぞれに自分の部屋もあるのですが、寝るとき以外はほとんど部屋にはおらず、宿題や勉強を持ってリビングに来てやっています。家族全員がリビングで顔を合わせながら、それぞれ各自の用事をしています。「住育の家」では自然とそうなっていくみたいですね。

私たち夫婦も仲がいいです。それはたまには口げんかもしますが、深刻な諍《いさか》いはここ十数年、一切ありません。二人で仕事をしていますが、どんなこともオープンにしています。けっきょくそれが一番幸せなんですね。二人目の子どもが今年六歳になりました。

なかなかできずにあきらめかけていた二人目の子どもが、「住育の家」に住むようになってから授かったことも、精神的な安定というか、自分たちがモデルになってそういう家庭づくりを地域に発信していこうと腹を決めたことにも関係があるかな、と思っています。

地域をよくしていくためも「家」と「庭」の活用を

私は宗像生まれの、宗像育ちです。ふるさとへの思いも人一倍もっています。私たちの子どもの頃は、まだ地域のコミュニティーが存在していて、一歩、家の外に出たら、近所のおばちゃんたちから、「どこ、行くと？」「あんた、元気にしとうね？」と、いつも声をかけられました。知らず知らずのうちに地域の大人たちに見守られていたのです。だけど商業化の影響や核家族化などで、宗像市でも地域社会はどんどん変化していきました。いまでは話しかけても、あいさつできない子どもも見かけます。

私はそんな地域をよくしていくためにも、家族が仲良く暮らしていくためにも、それぞれの家族が「家」と「庭」をもっともっと有効に活用してほしいと思っているのです。休みの日も、ショッピングセンターに行ったり、車で出かけてばかりではなく、たまには自宅の庭でＢＢＱパーティーをやるのもいいですね。準備から後かたづけまで、係を決めて家族全員がかかわってやるのです。そのうちに、友達や近所の人が参加するようになったりして、コミュニケーションの輪が広がっていけばさらに楽しいですね。

実は、泥棒に入られやすい家というのは、家の人がほとんど庭に出ておらず、庭が手入れされていない家が多いのです。常に手入れが行き届いているオープンな庭は、逆に人の目が気になって泥棒に入られにくい。庭が開かれた空間として、いつでも近所の子どもが遊びに来ていたり、近所の人が集まっているなど、人と人とのコミュニケーションの場になっていったら、それがそのまま街の防犯につながります。そんな家があちこちに増えていけば、安全な地域になっていくと思っています。

家づくり庭づくりは、幸せ家族づくり

「住育の家」に実際に住み、暮らしを楽しむなかで、〈回遊性〉の発想をおおいに学ばせてもらいました。これを庭にも応用して、さらに住居と庭とを行ったり来たりできる、庭と一体になった住まいや、ガーデンルーム、家から庭へ続く中間領域の空間を重視した、「住育の家」と庭をこれからもっともっと追求して提案していきたいと思っています。

部屋とつながるテラス

やはり自然の力はすごいのです。外ではまず季節感を味わうことができますし、陽、光、風などから自然のエネルギーを得ることができます。「家庭」という字は〝家〟と〝庭〟からできています。家族が集う家、みんなで自然の恩恵が受けられる庭、この二つが融合して、家族が幸せになれる住まい（＝住育の家）だと思います。

地域のなかで幸せな家族が一軒、また一軒と増えていけば、それは確実に周囲に伝播《でんぱ》し、循環をはじめます。〝幸せの循環〟の流れが生まれるのです。そうすれば社会全体が確実によくなると信じています。

私は人と地域、暮らしをつなぐ架け橋になるのが自身の使命だと考え、この仕事を誇りに思い、福岡県初の「住育の家」相談室として京都の元祖「住育の家」とも密接につながって、これからも一緒に全国に発信を続けていきたいと思っています。

④ 一一坪の小さなわが家でも、夢がかなった！

〜楽しいしかけがいっぱい、仲良し家族の家

京都府長岡京市
井上邸

建売住宅・「箱の家」を買った大失敗

サラリーマンの夫と専業主婦の私たち夫婦は、結婚二年後に建売中古住宅を購入して、三年前までそこに暮らしていました。

夫が、家に居て子育てをしてほしいと望み、私は専業主婦で一日じゅう家にいたのですが、中古の家は日当たりがほんとうに悪かったのです。おまけに洗濯するのは一階で、干すのは二階のベランダでした。引っ越し当時、第二子妊娠中の私は、濡れて重い洗濯物を抱えて毎日、一階と二階を何往復もして大変でした。

システムキッチンは壁向きで、家事をしている間、子どもたちの様子が見えません。かまってほしい子どもたちはいつもぐずり、家事もはかどらず滅入ってしまうことも。高くて手が届きにくい収納や奥行きが深すぎて使いづらい棚も、イライラの原因でした。家のなかが昼間でも電気をつけないと暗いので、親も子どももみんなあまり家

井上さん一家

に居たがらず、休みの日はほとんど外に出かけてばかりいました。

でも、私たちに手が届く住宅というのはこんなものだ、と思ってあきらめていたのです。窮屈な思いをして暮らすのが〝家〟というものだ、と思い込んでいました。

私は鳥取県で生まれましたが、高校卒業まで暮らしていた実家は、一〇〇坪はある大きな家でした。でも長い廊下があり、部屋に入ってしまうとまったく隔離されて、一人っ子の私は親と話がしたくても誰がどこにいるのかわからない、家族の気配が感じられない家で、寂しい思いをして育ちました。

家は買うものではなく「夢マップ」でつくるもの！

そんなある日、知り合いから、「子どもの成長や家族の幸せ、住まいについての講演があるので子育て中のお母さんたちに聞いてほしい」と声をかけられ、宇津崎光代さんを紹介していただきました。「すぐ会ってみたい！」と「住育の家」を見学に行ったのが二〇一五年のことでした。

「今度はぜひ家族みんなで遊びにおいで」と声をかけてもらったことに気をよくして、家に帰ってさっそく主人に話すと興味を示してくれて、そのあとすぐに今度は家族全員で訪ねることになりました。

主人は最初に「住育の家」を見たとき、率直に「これはいいね。自分の好きなこと、やりたいことが家に居てできるなんて。これまでは家のなかでは楽しいと思えることがなかったし、家のなかで家族で何かをやりたい、という気持ちも湧いてこなかった。そういう発想をもったことがなかった」と言いました。

「住育の家」を知ったことで、住んでいた建売住宅は、「暮らしを考える」という視点がない、人が家に合わせて暮らさなければならない「箱」だと気づきました。それまで住んでいた建売住宅を売却し、さっそく家族みんなで「夢マップ」の作業に取りかかりました。そして「家族の絆が深まる住育の家」を新居のテーマに決めました。

住育ならわずか一一坪でも注文建築が可能！

二〇一七年九月、長岡京市に、南北に開口する小さな土地をみつけて、「住育の家」づくりがスタートし、建坪一一坪でも自分たちの要望通りの家を建てることができました。

玄関を入るとすぐに家族が集うリビングがあり、和室へと続きます。つきあたりの南面の庭では、ときどき家族みんなでバーベキューをします。「夢マップ」で書いた子どもたちの夢だった、イチゴやトマトなどの野菜を植えた小さな畑もあります。また主人の夢で庭には天然芝も植え、家族みんながお気に入りの居心地の

子どもたちの要望を実現させた子ども部屋

よい空間になりました。

リビングには吹き抜けスペースがあり、天窓から明るい陽が差し込むところに、二階へとよじ登るロープがぶらさがっています。子どもたちは三人ともラグビーチームに所属しており、家のなかでも身体や体幹を鍛えたいという希望から設置してもらいました。

窓のある浴室、田舎から両親が泊まりに来ることもあるので布団を片づける収納スペース、ファックスとプリンターを設置するスペースもリビングに確保しました。家事動線が短く、掃除がしやすいことも主婦にとっては嬉しいことの一つです。以前の家と比べてぜんぜんイライラすることはなくなり、「暮らしを楽しむ」ことができるようになりました。

二階の子ども部屋は三人の共用部屋として使用しています。床材にこだわって、二階はすべて杉の無垢材のフローリングにしてもらいました。子どもたち三人が意見を出し、ボルダリングの壁や、ハンモック、ロフトへはハシゴで行けます。星が大好きな子どもたちは、ベランダでときどき、天体観測をしています。子どもたちは、自分たちの夢がかたちになったわが家をとても気に入っており、三人とものびのびと素直ないい子に成長してくれています。

主人は以前は家で過ごすのが苦手で、外食が多かったのですが、今では家が大好きです。家事を手伝うことなどなかった主人ですが、今は積極的に料理や洗濯、掃除もしてくれています。目下のところ、主人が一番楽しみにしているのは、ときどき子どもたちが三人でつくってくれる夕食です。三人でメニューを決めて買い物に行き、夕食をすべてつくってくれるので私も大助かりです。コロナで学校が休校になったときにも、サンドイッチやお菓子をつくったり、それぞれお弁当をつくり、庭にレジャーシートを敷いてピクニックをするなど、楽しい時間をすごしていました。

建売の家から、自分たちで夢を出しあった家で家族が快適に暮らせるようになり、ワクワク家族で暮らしを楽しめ、家じゅう遊べる最高の家です。どこにいても家族の気配を感じられ、みんなが自然にコミュニケーションがとれて、とっても仲良しになりました。主人も私も三人の子どもたちも、この家が大好きで、学校からも仕事からも、早く家に帰りたい、と思っています。

わが家はこれからもワンチームで！

家を建てるときに「夢マップ」をして、みんなの夢を出し合ったのですが、いまでもときどき「夢マップ」を続けています。忙しくて話をする機会がなくなっているときや、みんなが集まった日とかにです。夕食のあと、〝今日は夢マップやろうか〟という感じですね。

うちの家族はこれからも「住育のわが家」ワンチームでいきたいと思います。

今夜は３人きょうだいが力を合わせて食事づくり

5 親を最期まで自宅で介護できた「看取りの家」

～「住育の家」を見学し二世代住宅で幸せ家族を実現

岡山県
橋本邸

介護しやすい家って？　まず京都まで見学に！

大阪のマンションで一人暮らしをしていた私でしたが、田舎（鳥取県）の両親が私を頼って出てくることになりました。そこで市内森小路駅のほど近くに中古住宅を購入し、大人三人暮らしを始めることになりました。しかし快方に向かうと思っていた父の容態は、その後もあまり思わしい経過をたどりませんでした。

父はそのときすでに身体障害手帳五級で足が悪く、購入した中古住宅にバリアフリー工事をして住むことにしました。その家に住んでみてわかったのですが、まず、日当たりが悪く、室内が昼間から電気をつけないといけないほど暗かったのです。またトイレは大人二人が一緒に入るには狭すぎて、介護に障害をきたしました。お風呂に入る前にトイレに行っておきたいのに、トイレと浴室が離れていて寒いなど、日常面でも介護面でも使い勝手が悪い家でした。

橋本さんとお母さん

父の介護レベルは次第に上がっていきましたが、室内が狭いため手すりが設置しにくく、家のなかでの行動が制限されるようになると、外へもあまり出歩かなくなっていきました。一五年ほど住んでいましたが、〝ここではよくない〟と、思い切って親戚のいる岡山にまず土地を確保し、そこに家を新築することに決めたのです。

でも〝介護しやすい家って、どんな間取りの家なのかな？　最終的に父が家で寝たきりになったときは、どうするのかな？〟そんなことを考えていたとき、ＮＨＫのＴＶ番組『ドラクロア』で「住育の家」のことを知り、「これだ！」と思いました。それでとにかく一度、みんなで京都まで見学に行こう、ということになったのです。

「この家をそっくりこのまま、建ててほしい」

「住育の家」見学には、両親と私に姉も加わって、四人揃って出かけました。

入ってびっくり、トイレと洗面とお風呂がつながっていることが目からウロコ。〝へーっ〟と関心する母と私たちを尻目に、父は、食事をご馳走になったあと「すいません」と言ったきり、あとは吹き抜けの下の〝幸せのソファ〟で明るい天窓を見ながら気持ち良さそうにずっと寝ころんでいました。私たちは和室、サンルーム、二階、と細部に至るまで一生懸命に見学していたのですが、その間も父は黙って横になったままでした。わが家の最終決定権をもつのは父なので、内心これには困ったな、と思っていました。だけど、普段はどこへ出かけても、すぐに「早く帰ろう」と言い出す父が、この日はまったく「もう帰ろう」と言わないことを不思議に思っていました。

とうとう、こっちから「お父さん、そろそろ帰らなきゃいけないね」と声をかけると、父はようやく起き上がると、宇津﨑さんに向かって、「このままでお願いします。そっくりこのまま、同じ家を岡山に建ててください」と言ったのです。「えーっ！　ほんとうにいいんですか？」と宇津﨑さんが聞くと、「こういう家だったらいい」とはっきり言ったのです。これには全員びっくりしました。

どうやら父はソファに横になり、天窓から流れていく雲の様子を見ていたようです。家に居て寝ころびながら空が眺められるのはいいな、と思ったのでしょうか。私たちが見学している間にトイレにも行ったようで、家のトイレと違い介助者がなくても一人でできることや、廊下のようにトイレと風呂場がつながっている間取りをしっかり見ていたようです。

なによりも、家にいてとても明るく気持ちがいい。家のなかを流れていく空気のよさ、快適さを感じとっていたみたいです。

本来、政治がすべきこと？

トントン拍子で話は進み、一年後の二〇一二年のお正月は、岡山に完成した新しい「住育の家」で過ごすことができました。

家が完成して約一年後、わが家をオープンハウスにして見学会をしたことがありました。そのときに岡山選出の国会議員さんも来て、「住育の家」を見てくださったのです。

そのとき、ずっと黙って座っていた父が、突然、口を開いてこう言いました。「人を幸せにしたい、幸せな家族を一家族でも増やしたい、と宇津﨑さんは『住育の家』を広めるために、全国で住育コミュニティーを開催したり、講演したり、命をかけてがんばっておられる。本来、こうした活動は、政治がするべきことではないのか?! 幸せな家族づくりは、政治家がなにをおいても率先してやらないといけないことだ」。ちょっとびっくりしましたが、でもほんとうに、そうあってほしいと思いました。そのあと、その国会議員の先生の主催で「住育の家づくり講演会」が行われたのは嬉しかったです。

最期の看取りまで自宅で

父は、引っ越しから三年半を新築の「住育の家」で過ごしたあと、亡くなりました。でも間に合って、少しでも「住育の家」に住むことができてよかったです。

父は介護保険でデイサービスを利用していました。通常、デイサービスに行くお年寄りは、お風呂は週二回のデイの入浴で済まします。でも父は、動けなくなるまで家のお風呂に入っていまし

新築した橋本邸にみんなが集まって

た。よっぽど家のお風呂が気持ちよかったのでしょうね。入院のたびに家に帰りたがり、最期の入院のときも「家に帰りたいです」と希望し、医者から「いま帰ったらもう病院に戻ってこられませんよ」と言われたのですが、「それでいいです」と答えました。それで、本人の要望で、最期は自宅で家族に囲まれて静かに過ごしました。それは、父にとっても私たち家族にとっても幸せなことであり、それが叶ったのは「住育の家」だったからだと思います。

一階の玄関近くでトイレにも近い、家族の顔をいつでも見ることができて気配のわかる和室が、父が最期のときを過ごした看取りの部屋でした。いまは、それまで二階で寝起きしていた母が、階段の上り下りが大変になってきたため、一階のこの部屋に下りてきて使っています。

私は現在、岡山県で親の看取りができる終の棲家「住育の家」づくりの体験者として「住まいの相談室」を立ち上げ、母を自宅で介護しながら住育アドバイザーとしてみなさんのお役に立てる活動をコツコツと続けていきます。

⑥ 終の棲家の「住育の家」で、家族を再生
～リフォームの失敗、長男引きこもりの辛い経験を越えて

青森県
佐々木邸

おしゃれなワンフロア住宅から二階の増築

私たちは夫婦でリフォーム会社を経営しています。最初に自宅を新築したのは一九八八年、結婚三年目の二〇代の頃で、子どもは男の子が一人、一歳半でした。

その頃は塗装業をしていて、二人とも職業柄インテリアには興味があり、あちこちのインテリア雑誌を参考にしながら、自由設計でおしゃれな平屋のワンフロア住宅を夢みて建てたのでした。玄関を入ったスペースの壁面は主人のレコードコレクションで埋め尽くされ、家の真ん中には高い三段の段差がありました。まさにインテリア雑誌から飛び出してきたようなモダンな間取りだったのです。

夫に何気なく「家族の人数が増えたらどうするの？」と聞くと、「必要になったらそのときにまた造り足せばいいのさ」という返事が返っ

佐々木さんご夫婦

てきました。「そうね。そうすればいいわね」。二人ともいとも簡単に、そう考えていたのです。

その〝とき〟は約一〇年後にやってきました。長男のあとに二人の息子が生まれて、五人家族となったわが家にとって、おしゃれな平屋は手狭になってきたのです。そのときも、「子どもが三人いるから、子ども部屋が三室必要だよね」というわけで、単純に二階を増築することにしました。ところが二階に個室の子ども部屋をつくったことで、それまで平屋で、五人が和気あいあいとにぎやかに暮らしていた家族の風景は、その日を境に一変してしまうのです。

長男・引きこもりの日々が始まる

長男はもともと人前で喋ることが苦手な子だったのですが、それでも身体を動かすことが好きで、スポーツや運動に支えられて小学校卒業まではなんとかやってこられました。

ところが中学に入ってすぐ、友達との人間関係がたまたまこじれてうまくいかなくなったのです。そのタイミングで増築した二階に個室ができました。すると長男はホームセンターで買ってきたカギを自分で取り付け、一日中、部屋に閉じこもって出てこなくなってしまったのです。

日中は寝ている、ご飯も食べない、学校には行かない、夜中になると不良グループの先輩のところに行くために窓から抜け出す、という毎日でした。そんな長男を見て主人は「なにをやってるんだ！」と怒鳴りちらしました。警察にはお世話になる、本人は壁を拳でガンガン叩いて壊す。この頃はほんとうに最悪でした。次男、三男はそんな長男が怖くて、二階へは上がらず、自分の部屋は物置き場のようにしてリビングで寝るなど、けっきょく二階の部屋は使わず終い。ずっと下で生活していました。

長男は中学校では不登校が続いていましたが、放課後のバスケの部活にだけは行き、先生のすすめでなんとかバスケで入学できる高校から大学へと進学し、一時はサーフィンや音楽ＤＪなども経験していましたが、あいかわらず人との交流は苦手なままでした。

「住育の家」との出会い、新築でのリハビリ生活

二〇〇六年、事業の拡大で、(株)ササキハウジングカンパニーを立ち上げ、ショールームのオープンにあたって、「住育の家」と出会いました。子育ての反省もあって「住育の家」の考え方に感銘を受け、その後、自宅を「住育の家」で建て直すことを決意しました。

この頃は、長男を含めて息子たちは三人とも家を出ていたので、夫婦二人の〝終の棲家〟の位置づけで考えていました。私も京都の元祖「住育の家」に何回も足を運び、宇津崎お母ちゃんにも何度も青森まで来てもらい、青森県初の「住育の家」が完成したのは二〇一七年のことでした。一一年も歳月がかかった理由は、自分たちがリフォーム会社をやっている関係もあって、もとの家のリフォームにこだわったのです。前の家にも捨てがたい思い出があったのです。でも、お母ちゃんは最初から新築の「住育の家」をすすめていました。

ところが早々に、「住育の新築にしておいてよかった」と思える事態が起きます。家が完成し、いよいよ入居、というときになって、私が転倒、腰椎・胸椎圧迫骨折で入院してしまったのです。退院後の

新居ではしばらくの間、不便な生活を余儀なくされました。

しかしこのリハビリ生活で、決定的に「住育の家」の真価を実感しました。退院後しばらくは二階の寝室で寝たきり生活だったのですが、二階に洗面・トイレをつくっておいたおかげで生活が二階で完結できました。吹き抜けから一階のテレビの音や人の気配が聞こえてくるのが、病人にはとても安心でした。こちらからの呼びかけにもすぐに声が届きました。少し良くなって一階に下りてきてからは、段差がないこと、トイレやお風呂場がリビングから近いことなど、健康で五体満足なら気がつかなかったかもしれませんが、身体が不自由な人間にとって「住育の家」がいかにやさしく快適につくられているか、よくわかりました。

いまではもうすっかり元気ですが、今後もこの家でなら安心して楽しい高齢期を迎えられる、と確信しています。

長男との同居を可能にした住育の家

現在、長男の状態は改善の方向へ向かい、通院とお薬で、周期的な波をくりかえしながらも自分と折り合いをつけて安

掘りごたつ式のリビングテーブル

定して過ごしています。この家だと、どこにいてもお互いの気配が感じられるので、孤立せず、家族がそれぞれ精神的に安定できるからかもしれません。長男と再び同居が可能になったのも「住育の家」にしておいたおかげだと、思っています。

二男・三男も後継者として青森県に戻ってきました。宇津﨑お母ちゃんに出会えたことに感謝しつつ、辛い体験を伝えることによって、住育の間取り、暮らし方がどんなに大切なのか、青森のみなさんから広めていきたいと思っています。

家族は、次々と降りかかってくるさまざまな出来事を乗り越えて、肩を寄せ合いながら歩んでいくものだと思います。「住育の家」はそんな家族をやさしく包み込んでくれます。

⑦

東京の三世代同居の住育リフォームで幸せをつかむ

～田舎に憧れたけど、いまはここで家族と共に生きていく

東京都練馬区
H邸

戻ってきた生家

私たち一家は子どもの頃から、祖父母が建てた練馬区の大きな家で三世代が暮らしていました。

父は定年退職してから画家になりましたが、私も遺伝なのか、絵は描きます。最近でこそ、父と一緒に個展を開くなど仲良くやっていますが、若い頃は意見がぶつかることも多く、私が最初に家を出て、一人暮らしを始めたのは二四歳のときでした。夫と出会って結婚。子どもが生まれると、それまでは旅人のように生きていたのが、食の安全のこと、健康のこと、自然や環境のこと、どこでどんなふうに生きるのか、だんだん関心が広がっていきました。

天井が高いＨ邸

当時は横浜で暮らしていたのですが、夫婦二人の希望は、とにかく殺伐とした都会ではなく、「もっ

と空が高くて青い、空気のいい、自然豊かな場所でのびのびと子育てをし、人生を送りたい」、ということでした。そのためのステップとして、いったんは練馬の私の実家に戻って両親と同居することを決めたのが五年ほど前のこと。でもそのときも、子どもが小学校に入学するタイミングで、また家を出るつもりでいたのです。

ところが同居を始めてすぐ、母の身体にがんが見つかりました。約半年間の闘病のあと、二〇一七年、母は他界しました。最期まで自宅で過ごすことが母の希望だったので、私は母と共に、家でいろんな勉強をしました。ていねいに母を見送ることができたので、悔いはありません。

母の介護の間、いろいろ考えたこともあり、一人になってしまった父を置いて行くわけにもいかず、当分の間、同居を継続することになりました。それで、二世帯が快適に暮らしていくために、父が暮らす母屋はそのままにして、祖父母が注文住宅で建てた別棟の離れの部分を、私たちの住まいとしてリフォームすることにしたのです。

居心地のいい家「住育の家」との出会い

ちょうどその頃、横浜の友達が家を新しくしたというので遊びに行くと、そこは初めて体験する感覚の、妙に〝居心地のいい家〟だったのです。聞けば、家を建てるのに「この本（『幸せが舞い降りる「住育の家」』）を参考にしたのよ」と言うのです。それで「住育の家」のことを知り、これでリフォームしたい！　と思いました。その後、宇津崎さんに連絡して、うちに何度か来てもらい、工務店さんも推薦してもらい、住育リフォームをお願いすることになりました。

私が希望していたのは、太陽がいっぱいの健康的な家です。子どもやお友達と一緒にお料理が作れたり、料理教室ができる、広くてオープンなキッチン。お菓子の食材や発酵食品などを置ける棚のあるパントリー。テレビ、パソコン、プリンターなどの設置場所がすっきりしていて、情報に振り回されずに、自ら選択して必要な情報にアクセスできるようなレイアウト。絵を描いたり、ヨガや瞑想ができたり、感性を解き放ってくれるような気持ちのいい空間。将来的にサロンなどに利用できるような空間、などなどでした。

夫は身長が高く、家でしょっちゅう頭をぶつけていたことがストレスになっていたようで、天井の高さや開放感を望んでいました。さいわい、祖父母の建てた家は平屋で、立派な梁《はり》があったため、天井板をめくって天井の高い空間をつくってもらうことができました。

コロナのあと、世界が変わるなかで、私も変わろう!

二〇一八年八月にはリフォームが完成しました。リフォーム直後は、家にパワーがありすぎるというのか、なんとなく圧倒されていました。あれから二年が経ち、今回のコロナ自粛でずーっと家のなかに居て、長時間、家と向き合うようになって、そのよさがあらためて理解できたような気がします。

家そのものがしっかりしていて、そこで暮らす人をどっしりと受け止めてくれているのです。いい材料を使っているせいか、空気が清浄な感じで、ウイルスなどに対しても「ここにいれば安心」「家のなかにいれば安全」「守られている！」という感覚があります。家族みんなで家に居るようになってあらためて、やっぱり住育リフォームしてよかったな、と思いました。

以前は東京から早く出たい、田舎へ移住したい、そればかり考えていて、将来やりたいことをいろいろ構想したこともありました。コロナの影響でこれから先、身近な世界が予測できないほどに変わってしまう、そんな気がして、それにあわせて自分も変わらなきゃ、と思っています。

いまはこの土地で、新しくなった家と庭を活かして、何かできないかなと考えています。絵を描き続けること、食への関心、自然治癒、自然療法などへの関心も強くなりました。先日もコロナ禍で、経営が大変になった友達のお店の雑貨を家の前で販売したのですが、買いに来てくれた地域の人と触れ合えるなど、家族揃っての取り組みが結構楽しかったです。

母屋で暮らす父との同居も、互いの生活スペースが分かれていて気持ちよく交流できるせいか、うまくやれています。

自然豊かな場所で生活したいと思っていたけど、いまこの場所で家族と

いつも近所の子どもたちが遊びにくる

仲良く生きていくことができなければ、きっとどこへ行っても同じだと思います。自分が楽しいと思える人生を、まず送れるようになりたいのです。夫と、息子と、父と、そして友達や近所の人たちと一緒に、庭で育てた野菜を食べて「おいしいね」と言い合ったり、家族揃って「気持ちがいいね」と微笑んだり、そんな営みをこれからも地道にやっていきたい。

そんな、家族の幸せな暮らしを守って、支えてくれるのが、「住育の家」の存在でしょうか。

⑧ 工務店が検証・「仕事」も「暮らし」も楽しむ住まい

～一階店舗・二階自宅のスケルトンリフォーム

群馬県桐生市
高橋邸

自分がまず暮らしを楽しめているか？

うちは、曽祖父が宮大工の棟梁で、祖父の代から九〇年以上続く工務店です。現在は私で三代目、「高橋健装・ふくろうはうす」として、地域で住宅の新築・リフォームの設計施工業を経営しています。

子どもの頃からずっとそんな建築の現場を見てきて、お客さんが、「家の何に困っていて、どう改善してほしいと思っているか」、そうして建てた家が、地域で親から子、子から孫へと受け継がれていく様子を見てきました。大人になり、地域に根ざした工務店をやっていくなかで、住まいがもっている役割、人が生き、社会生活を営む〝ベース基地〟としての大切さ、住まいと心と身体はつながっている、そんなことを漠然と感じていました。しかし、それがなかなかお客様にストレートに伝わらないのはなぜだろう？　と思って悩んでいたのです。

高橋さんご夫婦

二〇一一年、とある工務店コンサルグループが主催した「お母ちゃんセミナー」に参加して、講師だった宇津崎お母ちゃんと出会い、そして「住育の家」を体感して、気がついたのです。「そうか！　まずは自分自身がそういう楽しい暮らしを実感していないからか！　まずはプロである自分たちが住育の家リフォームをして、暮らしを楽しみ、検証したことをお客さんに伝えたらいいのだ！」と。

「夢マップ」で気づいた夫婦それぞれの思い

「住育の家」に出会うまで住んでいたのは、実家の隣に建っている築三五年の古いアパートでした。二階建てメゾネット式で、二世帯ぶんが真ん中でくっついた形の、二〇坪の銀行の寮だったのです。そこを譲り受けて改装し、自宅と事務所として使用していました。

二軒をぶち抜いて無理やり一軒にしたので、どうしても間取りに無理があったのです。家のなかは片づけても片づけてもすぐにぐちゃぐちゃに。おまけに古い住宅だったので、冬は寒いし、夏は暑い。壁に開けた穴は開きっぱなし、なまじ建築屋なものですから、水道も蛇口をつないだら使えるだろう、みたいな状態で、嫁さんからは大ブーイングです。「これ、早くなんとかしてよ！」と、ストレスの連続だったようです。私も風呂が大好きなのに、なぜか家ではあまり風呂に入る気がしませんでした。よく考えたら、洗濯物を干す場所がないので、風呂場が常に物干し場状態になっていたからでした。

そんなとき、「住育の家」リフォームを決心して、嫁さんと二人で「夢マップ」をやったとき、些細なことですが、お互いに相手の思いがわかっているようでぜんぜんわかっていなかったのだなあ、とつくづく思いました。「え？　お前、そんなこと考えてたの？」「あなたって、そうなの？　そんなこと知らなかった」ということがいっぱい出てきました。それから時間をかけてようやく、「こういう暮らし方が私たちの理想かな」というものが見えてきたのでした。

スケルトンリフォームでもとの構造を活かす――逆転の発想

お母ちゃんに群馬まで来てもらい、間取りプランニング契約&コンサル契約……、住育の家リフォームがスタートしました。提案プランは、私たちの「夢マップ」の内容から作ってもらいました。工事は、基礎と骨組みはもとのアパートのまま活かし、屋根や外壁などを身ぐるみ剥がすという、ほぼスケルトンリフォームの手法で行いました。解体して新築したほうが簡単だったのですが、「住育の家」をしっかり学びたいことと、これからの時代はリフォームが多くなることを見越して、あえて難しいスケルトンリフォームをお願いしました。それは生きた勉強そのもので、生みの苦しみを十分味わい、悪戦苦闘の連続でした。時間をかけて一階部分を事務所とホールに、二階をワンフロアの自宅に、大改装しました。

1階は店舗、2階は自宅

二階の自宅部分は、モンゴルのゲルがその原点だという、仕切りを開放すると全体が一部屋になり、キッチンから家じゅうすべてが見通せて、回遊できる空間です。お互いに何をしているかがわかって声が届き、常に気遣いできるようになりました。これで二人ともストレスがなくなりました。あとは季節のオブジェを飾るなど、二人がそれぞれ自由に使える小さなスペースもつくってもらい、自らも暮らしを楽しんでいます。

一階は事務所スペースですが、もともと二軒だった建物のスケルトンリフォームです。階段が二つあった構造を逆に活かして、片方の階段部分を吹き抜けにし、その吹き抜けの壁に趣味のボルダリング（石を埋め込んだ壁をクライミングする壁）を設置しました。

ボルダリングを上がると二階には雲梯《うんてい》があり、二階から一階へはロープで降りて来られます。ちょっとしたスポーツジムです（笑）。これは毎日むちゃくちゃ楽しいですね。事務所の私の机の前が二階へと上がる吹き抜けの壁なのです。仕事の息抜きに、事務所にいながら身体を動かせます。基本的に仕事のストレスは自宅に持ち込みません。打ち合わせに来られたお客さんも、親子で一緒にボルダリングを楽しまれたり、「これがほしい！」とおっしゃる方も多く、まさに生きたモデルハウスです。

おまけに吹き抜けなので、声をかけると一階と二階で会話ができます。妻は、日中は一階で一緒に仕事をしていますが、ひと足早く自宅（二階）に上がり、「ご飯ができたよ」という声で、私も仕事を終えて二階に上がります。仕事も私生活も、住まいが楽しいことが基本だと、つくづく実感しています。

自然の循環、社会の循環——群馬から発信！

うちの家の前は町内のグランドゴルフ場になっており、最初は、みなさんがうちに整備道具を借りに来ておられました。それならいっそのこと、この場所を地域に開放したらどうかと思ったのです。私の母が先生と一緒に絵手紙教室を始めたり、地域のひとり暮らしのお年寄りの体操教室もやりました。一階にあるオープンキッチンでの料理教室や、ちょっとしたスクリーンを使っての〝映画上映会〟など、自分も楽しみながら、地域が元気を取り戻すお手伝いをしています。「ふくろうはうす」が地域のコミュニティー再生の一環になれればいいな、と考えました。

1階から2階へ上がれる
ボルダリングの壁と、ロープ

私たちは自然から水や食物をいただいて生きています。建築も山（自然）から木をいただいて家を建てています。木を切ることは同時に山を手入れしているわけで、日本の木が使われなくなると山は荒廃します。自然も社会もうまく循環させていくことが大切です。私たちはその循環の一員として、循環をまわしていくことが大事です。建築の仕事を通じていろいろなことができたらなと思っています。

地元のコミュニティーラジオ局の自主制作番組で、一三年前から週に一回、住まいの悩み相談などの話をさせてもらっているのですが、しあわせ家族を育くむ「住育の家」を京都と共に全国につなぎ、群馬県からどんどん発信していきたいと思っています。

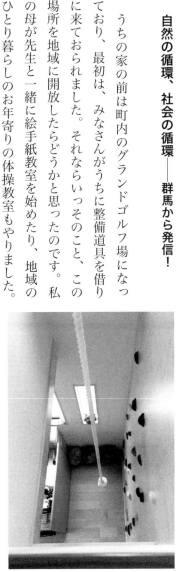

⑨ マンションでも茶の湯の趣味を生かし、暮らしを楽しむ

～マンションで住育リフォーム相談室スタート

北海道札幌市
福田邸

住育のマンションリフォーム

いま住んでいるマンションは二六年前に購入したものです。その後、キッチンなど水回りは入れ替えてリフォームしているのですが、仕事の関係で宇津﨑お母ちゃんに出会い、住育の考え方に魅了されました。

そこで「趣味を生かした〝終の棲家〟の住育マンションリフォーム〟のモデルに」と、あらためて自宅マンションのリフォームを決めました。二〇一四年、日本で初めてのマンション住空間での、「終の棲家」住育リフォームです。

お母ちゃんから受けたプレゼンの提案は、まず壁向きだったキッチンを対面式にすること。ホタテ貝の健康塗り壁。家全体のドアを引き戸に替えること。さまざまな収納スペースの確保。夫の

福田さんご夫婦（奥様のお手前）

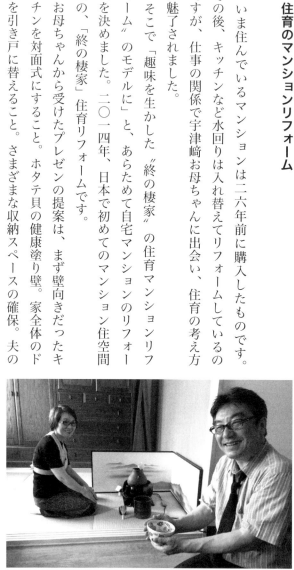

仕事スペースと、妻の趣味である茶道の「釜」のスペースをつくること、などなどでした。

実際にリフォームをしてみて、ホタテ壁の威力はすごいと感じます。北海道では自宅でよくジンギスカンをするのですが、部屋のなかの空気がきれいで、翌朝、部屋に臭いがこもらないのです。丸テーブルは、普段わが家は二人ですが、お客様が来られたとき六人まで十分おもてなしすることができます。四人が五人になっても対応できるのが、円形テーブルのいいところですね。昔のちゃぶ台の発想ですね。

キッチンは、以前はお料理をつくるのも洗い物をするのも、家族に背を向けて主婦が一人で行う、孤独な時間でした。対面式キッチンは、会話がはずむという点や、家事が楽しくやれる点、お客様との会話の流れを絶つことなく自然な流れでおもてなしが進められる点でも、役割がほんとうに大きいです。

そしてなにより、一緒に暮らす家族が仲良くやっていくためには、自然と会話が成立するような条件を整えることが大切だということを、夫婦二人だけですが、実際に変化を体験してみて実感しています。

「夢マップ」で自分の「こうしたい」を問い直す

「夢マップ」をやったとき、あらためて、それぞれの「こうしたい」「こうなったらいいな」という思いが出てきたことに、まずはびっくりしました。

〈夫〉……「それまでは仕事から家に帰ってきたとき、鞄をそのへんに無造作に置きっぱなしにしてしまうのが、自分でもイヤだったのです。でもそれは物に決まった置き場所・定位置がなかったからなのですね。そうか、鞄をきちんと収納する〝場所〟をつくることが大切なのかと。それまでは仕事をぜんぶ会社でこなしてから帰るために、帰宅時間がどんどん遅くなっていく傾向がありました。しかし事務処理程度のちょっとした仕事は、家でくつろぎながらやれたら、ということで、対面キッチンの横のコーナーに鞄の収納場所を兼ねたワーキングスペースが提案されました。するとそれだけで家に〈自分の居場所〉ができたという感じで、家に帰るのが楽しみになって、帰宅時間が早くなりました」。

〈妻〉……「夢マップをやったとき、〝家をどうしたいか〟〝自分の夢はなにか〟と、そんなことを聞かれても、これまでは、〝主人の仕事がうまくいくように、主人が健康であるように〟そんなことしか考えたことがなかったことに気がつきました。でも、あらためて〝私の夢は？〟と自分自身に問い直したとき、最初はなかなか出てこなかったのですが、できれば長年続けてきた〈お茶〉〈おもてなし〉を家で楽しみたいなあ、どなたかが家にいらしたとき、きちんとしたお茶席でなくても、一服、サッと点ててさしあげられたらいいな、と書いたとき、〝ああ、私の夢、やりたいことって、こういうことだったんだな〟と思ったのです」

「夢マップ」は、それまで「仕方がない」とあきらめ、固く凍りついていた心に、一服のあたたかいお茶がしみ込んでいった瞬間でした。

お母ちゃんの提案で完成したのが、インテリア効果も兼ねて作った茶釜の置き場でした。北山丸太を京都から取り寄せ、玄関から入った場所につくったミニ床の間のような小さな場所ですが、最高の空間になりました。

その後、マンションを趣味が楽しめる生きた空間にしたいと、マンション「住育の家の相談室」を札幌市にオープンさせました。

私たちは「終の棲家」リフォームをするなら一年でも早いほうがいいとお奨めしています。やはり工事期間を過ごすのにも体力が必要ですし、快適な空間で暮らせる年月が少しでも長いほうがいいからです。

茶道と住育の心を広めていきたい

リフォームをしたあと、正式なお茶席、茶事まではいかなくても、親しい方を何人かお呼びしてお茶を点てせてもらいました。

簡単なお料理をお出しするようなおもてなしを何度かさせてもらいました。私のお茶の師匠もお呼びしたら、「今までと空気が違う、気持ちいい」と驚いておられました。

裏千家のお家元も、常々、作法というものを堅苦しく考えずに、あいさつや他人へのちょっとした気遣いだ、と語られています。自分がおもてなしを受けて嬉しかったら今度は誰かにおもてなしをしようとする気持ち、それは二度と同じではないからこそ、そのときそのときに精一杯の心を尽くす「一期一会」が茶道の神髄であり、

マンションリフォームの福田邸

生活のなかにもっと気軽にお茶を取り入れましょう、と。

また二〇〇〇年に京都新聞社で行われた「お母ちゃんの家フォーラム」開催時に、パネリストの一人として参加された裏千家今日庵《こんにちあん》副理事長の伊住宗晃（政和）氏は、「かつて日本人の礼儀作法は、坪庭、床の間、仏壇、神棚などといった日本的な家屋やしつらえのなかで自然と身についていきました。そういった空気や気配、季節を感じ、生活を豊かにする暮らしは、意図的に残していかないといけません」と話されています。

一人ひとりが分断されている現代のなかで、人とのつながりの輪を大切にし、身近な自然を取り入れながら生活を豊かにしていく。「住育の家」も「おもてなし」の心に通じると思い、マンション「住育の家相談室」をオープンし、茶道と共にその心を伝えていきたいと思います。

私にやれることで、みなさんにもっとお茶の文化にも興味をもってもらえたらいいな、と思っています。この住育の家マンションでなら、それがやれる、と思っています。

⑩ 共働きの忙しい日常でも、人生が豊かに変身した

～二階の住居を住育リフォーム

滋賀県
Y邸

幸せになれる家、ってあるの？

二〇一三年、夫と私は、二階の自宅をリフォームすることを決意しました。子どもたちはみなすでに成長して独立しており、夫婦で老後を過ごすことを想定したリフォームでした。

リフォームしようと決めたものの、どこに頼んだらいいのかわからなかったとき、朝日新聞に掲載されていた『幸せが舞い降りる「住育の家」』の本の広告が目にとまりました。なによりも〝幸せ〟という言葉に惹かれました。その頃、自分はあまり幸せではない、と感じていたからかもしれません。

〝家の間取りによって、家族の幸せが変わる、ってそんなことがあるのかしら？〟と、さっそく本を取り寄せると一気に読んでしまい、GW前に宇津﨑さんに電話して、夫を連れて京都まで見学に行

Yさんご一家

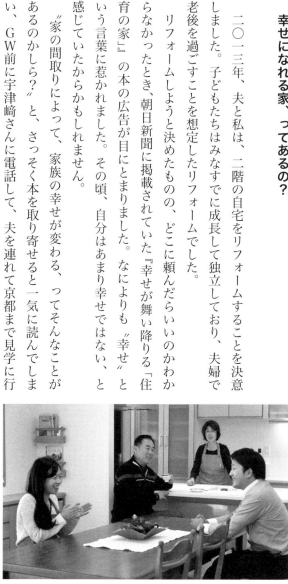

きました。

ハシゴで二階に登れたり、二階から下が見下ろせたり、とにかくワクワクするというか、普通の家にはないことがいっぱいで、こんな家を建てることもありなんだ！　とびっくりしました。

廊下で分断されていたわが家

そのあとすぐにわが家を見に来ていただいた宇津﨑さんからは、「廊下が長すぎて暗い。これでは幸せになれるはずがない。主婦の居場所が北の端っこ。廊下で分断されて、子どもの姿が見られずに、これでよく子育てができましたね。大変だったでしょう。長い間、苦労されましたね」と慰められました。

たしかに階段を上がった正面から、家を東西に長い廊下が端から端までどーんと貫いていたのです。階段を上がってすぐの南に面して、陽のあたる三つの部屋を三人の子どもたちそれぞれの個室にしていたので、その三部屋だけは明るいのですが、当然、廊下と北側の部屋は、日中でも電気をつけなければならないほど暗かったのです。廊下の突き当たりにリビングがあったのですが、キッチンとも独立していて、どう使ったらいいのかわからず、誰もあまり長居することがありませんでした。

分刻みの毎日で、仕事が終わると、私は急いで二階に駆け上がってきて、食事の支度をするのですが、長い廊下の一番奥にあるキッチンまでまず移動です。子育て期には、家族五人分の食材を買い求めた重い荷物を持って、一人で運ばなくてはなりませんでした。

長い廊下で隔てられ、家族の様子がまったくわからないことと、家事動線、生活動線が悪いというのか、なにをやってもスムーズにいかなくて、常にイライラしていました。片づけがしにくく、物がすぐに散らかってしまうことも、イライラの大きな原因でした。

夫婦がくつろげる気持ちのいい空間へ

宇津﨑さんからのリフォームの提案は、

「二階の仕事場でクタクタになっても、二階に上がれば、ホッとして〝ただいま!〟と帰ってこられる」

「部屋の段差をなくし、上がってすぐの位置に、ダイニングキッチン・リビングを一つにした夫婦でくつろげる気持ちのいい空間を」

「キッチンの近くに洗面・洗濯室をつくり、家事動線を短くし、使い勝手よく。浴室は洗面トイレ・洗濯室の隣に」

というもの。

ほかにも、ミシンを常置する家事室や、自宅にいても事務仕事ができる書斎スペース、在庫が一目でわかる広い食品庫。主寝室は、クーラーに対する体感温度が違う夫と私のために、開け放せば一部屋

1階仕事場、2階自宅の住育リフォーム

になり、相手の気配を感じながら間仕切ることもできる建具など、長年の念願が実現しました。

趣味が楽しめる生活

もともと土いじりが好きで続けているガーデニングに、最近は畑仕事が加わり、忙しい毎日を送っています。パンづくりや、ミシンかけ裁縫のほかに、お習字を習い、ピアノ、フラワーアレンジメント、歌……と、さまざまな趣味を楽しむ生活を送っています。

人からはよく〝あなたは人の三倍ぐらい動いているのでは？　もしかしたら人よりもたくさんの時間が与えられているの？〟と笑われます。たしかに、去年から仕事の形態が変わり、少しラクにはなりましたが、勤務時間はあいかわらず朝九時からで、自由になるのは木曜日の午後だけなのです。

でもリフォームをしてから、自分でも不思議なのですが、ストレスがなく、忙しく疲れていてもすぐに癒やされます。片づけがしやすく家のなかを常にいい状態に保てるので、家事もスムーズにはかどり、そのぶんをほかの時間にまわせ、好きなことがやれるようになったのです。家でやりたいことがいっぱいできて、いまは毎日の生活に大満足していま

ロフトもある

す。

今度は孫がすこやかに育つ家に！

心残りは、子育ての時期のとき、この「住育の家」で子育てができず、子どもたちに気の毒なことをしたな、と反省することです。でも夫と二人、これから老後の生活を豊かに暮していくためには十分間に合いました。

今度は子どもたちが孫を育てていくのに、「住育の家」を奨めたいな、と思っています。

⑪ 山の上の一軒家で「住まいの相談室」を立ち上げ

～世界中で一番ステキな場所、それはわが家！

宮崎県延岡市
江原邸

「ど素人からの出発」――セミナーを受講して

出会いは二〇〇四年、延岡の商工会議所で行われた中小企業家経営支援セミナーに参加したことです。このときの講師が宇津﨑さんでした。私は当時、叔父の経営する不動産会社・工務店で営業の仕事をしていたのですが、宇津﨑さんの講演のタイトル「ど素人からの出発」と、「小学校教師から建築業への転職」という経歴に心を惹かれてセミナーに参加したのです。

実は私も元教師だったのです。子どもの成長・発達のゆがみと住居との関係や、子どもが心豊かに、たくましく育つための親子の関係づくりと、そのための家とは？　というテーマには以前から関心があり、興味をも

リフォームし、家の中から外の自然が感じられる江原邸

ちました。

セミナーの感想は一言で言うと〝衝撃〟でした。

私が以前から考えていたこと、ぶつかっていた問題が、これですべて解消された、という思いでした。

その内容は、①家は「ただいま」「おかえり」と家族をあたたかく迎えてくれる場所。②いつも家族どうしの気配がわかり、家のなかで家族をバラバラにしない家のつくり方の工夫。③家のなかではリビングが最も重要であり、そこにみんなが集い、いつまでもみんなでおしゃべりをしていたくなるような場所にする。④家は家族と地域をつなぐ接点であり、近所の人との人間関係やつながりをつくる場所でもあり、いつ誰が来てもいい場所になる工夫……等々でした。

「住まいの相談室」を立ち上げ、住育サロンを開催

セミナーのあと、さっそく工務店の叔父と従兄弟を連れて、「住育の家」を京都まで見学に出かけました。すべてに納得！　だった私とは対照的に、男性陣二人はどうもピンとこなかった様子。「これから宮崎でも住育の家づくりをすすめていこう！」と言ってもなかなか受け入れてもらえず悩んでいる私に、宇津崎さんは「いっそのこと独立して、フリーになってミセスリビングとお客さんをつなぐ仕事をしたら？」とアドバイスをいただきました。まわりは全員反対しましたが、「そうか、そういう手があるのか！」と一年後、宮崎県で「お母さんの住まい相談室」を立ち上げたのでした。

最初は京都から送ってもらったチラシやパンフレットを携えて、いろんなところへ歩いて回りまし

た。京都から宮崎まで何度も来てもらった宇津崎さんを囲んで、「家族とは」、「家づくりとは」と住育サロンを開催したところ、そのなかから「住育の家」に興味をもったお客さんが現れて、一年後に宮崎県初の「住育の家」第一号が新築できました。そこからは〝暮らしが見せられる家〟見学会、オープンハウスを開いていけるようになりました。

二〇軒の幸せ家族からの感謝の連鎖！

家が完成して見学会をしたとき、「住育の家は住宅展示場のように見せる家ではないし、見学に来られた人には良さがわからないかもしれない。けれど、違いは住んでみればわかる！　庭で遊んでいる子どもたちが家のなかから見渡せる、明るいキッチンが私にとってほんとうに特等席、一番ステキな場所なんです」と言われたお母さんもおられました。

別のご家族は、ご主人が当初は家づくりに無関心で、「アンタ（妻）の好きなようにすればいいさ」と言っていたのに、「夢マップ」をするなかで、ご

江原邸での住育サロン（右端が江原さん）

自分の夢をどんどん家族に語られるようになり、そこに三人の子どもたちも加わって家をつくる過程がまさに家族の共同作業になりました。家が完成してからは〝毎週土曜日は家族みんなで家を掃除する日にしよう！〟とご主人が提案され、いまも家族全員で家じゅうを掃除されています。また別の家では、それまでほんとうに殺風景な家に住んでおられたお客様が大変身！　草花を植えた庭を丹念に手入れして、家のなかまでいつも季節の花で飾っておられるのです。「私、自分がこんなに家や庭が好きだとは知らなかったの。いま、家にいるのが一番楽しい！」と話されます。

あれから一四年が経って、現在、二〇軒目の「住育の家」づくりを道先案内人として進行中です。

そしてついにわが家も住育リフォーム

わが家のことですが、「住育の家」と出会ったときには、すでに山の上に畑と共に自給自足的生活ができる一軒家を建てて、ちょうど五年目を迎えたところでした。でもお客様がみんな幸せそうに変化していかれる姿を見ていたら、「わが家も！」とその五年後、ついに自宅の住育リフォームを実施しました。新築一〇年目のリフォームですから、夫からも親戚、両親からもさんざん反対されました。でもやってみてほんとうによかったのです。

リフォームに反対していた家族も結果的に大喜びで、娘二人も出産に帰ってきて、住育の間取りの良さを実感。他県に住む次女は「住育の家」を新築中（二〇二〇年八月完成）で、現在、三人の子育てを楽しんでいます。

まず朝の目覚めがぜんぜん違います。気持ちがいいのです。四季の移ろいがわかり、家のなかで自然が感じられる。それから収納計画。動きやすい、片づけやすい部屋にリフォームしていただいたおかげで、お掃除がすごくラクになりました。以前は片づけ、掃除が大の苦手で、家がイヤで外に出歩いていたのです。その一方でお茶会や食事会などで人に来てもらうことは大好き。だけど散らかっているから、「片づけなきゃ」って、そのことが大きなストレスになっていたのです。いまは〝いつでも、誰でも、どうぞ！〟と言えます。人は後ろ向きに処理しないといけないことから解放されると、前を向いてどんどん進めるようになりますね。

次世代に希望がもてる社会・生活へ

いまの時代はいろいろな問題があちこちで噴出しています。戦後の、経済発展優先の生活への急激な変化、弊害を、ここらで見直す時期が来ていると思うのです。次世代へ希望がもてる社会・生活への提言が必要で、そのキーワードが「家族」だと思います。

住まいで暮らし方、生活が変わり、生き方が変わる。「住育の家」で幸せになり、豊かな人間関係を築けるようになった家族が、今度は豊かな社会を築いていくようになると信じて、「住育の家」づくりの継承者の一人として、宇津崎せつ子先生と共に、宮崎の地から発信を続けて幸せ家族を増やしていきたいと思います。

おまけ

新築・リフォームしなくても、変われる?!

~『住育の家』取材でアイデアを学ぶ

京都市
根津眞澄

なによりも私が変わりました!

宇津﨑さんの『幸せ家族には秘密がある』、制作をお手伝いさせていただいたライターの根津です。ライターは本来裏方で、直接、本に登場することはないのですが、実は制作にかかわった半年間で、誰よりも、なによりも、私の〝家のなか〟が変化しました。私自身が〈住育の奇跡〉の生き証人になりました……。

私はいま、〝★★年間の人生のなかで、最もキレイで、快適さが最も長期間保たれているわが家〟に暮らしています! 夫との関係も変わり、きわめて良好で、いま、とてもHappyです! すいません! 新築もリフォームもしていないのに……。

宇津﨑さんに出会ってお話を伺い、友見さん、せつ子さん

キッチンは機能性とやる気が出るような楽しい工夫を

の著書を読ませていただき、インタビューに応じてくださったお客様の体験談に共感し、鮫島先生との対談を拝聴させていただいているうちに、まるで半年間にわたる「住育の家セミナー」を受講して学んだかのような効果が現れたのです。

この本を読まれる方も、きっと同じような体験をされることと思います！

〈家のなか〉やったー！　片づいた！

まずマンションの自宅のなかが、大幅に片づきました！　奇跡です。

とは言っても、工事などの大鉈は振るっていませんので、部分的で限界はありますが、少なくとも半年前とは比べものになりません。

これまで私は〝お掃除〟〝整理・整頓〟は「賽の河原の石積み」だと思っていました。きれいなのは引っ越し当日だけ。やってもやっても、次の日にまた同じことをくりかえさないといけない。やらなければどんどん増えていく借金。負債処理の無限ループ。相当なストレッサーでした。

ところがいったんいい状態を維持するための方法を理解すると、負債ゼロのハードルは意外と低いと気がつきました。

せつ子さんの『家事・子育て・老後まで楽しい家づくり』のなかの「整理術」は目からウロコでした。部屋が散らかる法則、その理由はただひとつ！　物にホームポジションが決まっていないから！　ホームポジションがその物が活動する場所とズレているから！　だったのです！

「なぜ、ここに？」→「昨日からそこにあった」→「引っ越してきたとき、とりあえずそこに置いた？かな？」。明確な理由もなく、既成事実をなんとなくひきずっている事象が家のなかには（人生には）なんと多いことか！（物を捨てられないのも同じ理屈か？）。

まずは一つひとつの物に、役割の確認と、その活動場所の近くに暫定的でよいので「指定席」を定め、必要なら収納グッズを用意していきました。せつ子さんは、そのためにその家族に合わせた「造作家具」を提案されています。

八割を見えないように〈収納〉し、二割を出して〈見せる〉、という発想にも大きく影響を受けました。家族をポジティブに、楽しい気分にさせてくれる物を〈見せる〉という技《わざ》、視覚情報が与える心理的な影響が実は意外と効果的で、重要だということも。

そして寝る前に一日一回だけ、リセットするようにしました。そうすれば朝起きたときにスッキリした気分で一日がスタートできるし、それまでの日中は、少々散らかっていてもあまり気にしないことにしました。

〈家族〉あれ？　夫婦の関係がよくなった？

同時に、これは友見さんの「夢マップ」に関連しますが、「相手のことをわかっているようで、実はまったく理解していなかった、理解しようとさえしていなかった！」ことに気づきました。

そこでできるだけ、相手の行動の〝理由〟を聞くようにしたり、その日に体験したこと、共感した話題などを、家に帰ってから、できるだけこまめに話をするようにしました。

いい関係を保っていくためには、日常的に相当量の情報交換を、それも繰り返し、継続して行うことが必要だ、という「住育の家」の家族づくりの考え方を、実践するようにしたのです。

「住育の家」では、そのために、対面式のキッチンや、ダイニングのテーブルは丸形がいいこと、ドアではなく引き戸がいいこと、家のなかに死角をつくらず互いがどこにいるのか常に気配を感じることができ、声が届くような間取りの工夫、などが考えられています。

すぐにリフォームはできなくても、現状のなかで取り入れられるものは取り入れて、なによりもその〝考え方〟を共有するようにしました。

すると、不思議なことに夫婦の関係に変化が起こりました。

お互いに、「おはよう」「ただいま・おかえり」「ありがとう」「お先におやすみ」などの声を自然にかけ合うようになり、ちょっとした気遣いを言葉にするようになりました（部屋のなかがきれいだということと微妙に関係していると思いますが）。お互いが信頼できる

自宅バルコニーでホームシアター焼き肉

大切な相手、とても居心地のいい関係に変化していきました。

〈幸せの法則〉家のなかが快適＆家族関係が良好→→HAPPY！

家のなかが快適で楽しく、家族の人間関係が良好である。これは人にとって、人生において感じる幸福感の大半を占めていると言って間違いないと思います。

これまでは、「ああ、散らかっている。片づけないといけないな。今度の休みにやろう」と言いながら、自分にも相手に対しても疑心暗鬼で、そんな「心の闇」からのがれるようにGWは外出ばかりしていたのが、今では「お家がイチバン！」「世界中で一番ステキな場所＝わが家」などと堂々と言えるようになりました。

部屋を模様替えし、近所に借りた家庭菜園で汗を流して野菜を収穫、交代でシャワーの間にそれぞれおつまみを一品ずつつくって〝おうち居酒屋〟を開店、さらに〝おうちシアター〟を上映。コロナのステイホームも苦にならず、人生の楽園でけっこう楽しい時間を過ごしていました。

みなさんも、家を建てることやリフォームを検討しておられる方はもちろん、いますぐはムリだという方も、ぜひ一度、お気軽に、「住育の家」を見学してみてください。見学するだけでも、きっとさまざまな暮らしのアイデアを発見することができると思いますよ！

第3章

大正・昭和・平成・令和を生き抜いた九八歳のポジティブな生き方に学ぶ

―渋沢栄一氏の孫・鮫島純子さんとの対談―

1、四つの時代を生き抜いた生き方、住まい方の知恵

宇津﨑　鮫島純子先生、今日はようこそお越しくださいました。

鮫島先生は、日本の新一万円札の肖像となることが決定したことでみなさんよくご存じの、明治時代の偉人・渋沢栄一氏と肌のふれ合ったご存命のお孫さんでいらっしゃいます。

私は、住まいづくりの半世紀で「住育の家」ができ、今年で二〇周年を迎えるにあたって、次世代に残したい家づくりの本をつくろうと思っています。それにあたって、これからの〝人生一〇〇年時代〟に、大正・昭和・平成・令和の四つの時代を生き抜いてこられ、九八歳になられていまなおお元気で、ますます輝き続けておられる鮫島先生とご縁をいただき、どうしてもお話をお聞きしたい、と対談を企画させていただきました。今日はよろしくお願いいたします。

鮫島純子さん（右）と著者との対談

鮫島　よろしくお願いいたします。

宇津﨑　鮫島先生と初めてお会いしたのは、たしか二〇一八年に東京で行われた世界平和女性連合の席でした。ご縁に感謝し、同じ年の一一月に「住育コミュニティ in 東京」をご案内いたしましたらご出席くださり、「住育の家」に大変興味をもっていただきました。

そして二〇一九年、『家事・子育て・老後まで楽しい家づくり』（次女・宇津﨑せつ子著、二〇一九年）の出版記念の会で主賓としてお越しいただき、ご挨拶をいただきました。先生は「自分の目で『住育の家』を見てみないと、優れている点などがわからないから」と、「住育の家」に前日にお泊まりいただきました。

翌朝、ベッドの上に「九七年間の人生のなかで、一番よく眠れました」と優しい文字のお手紙を添えてくださり、大感激しました。また、せつ子の〈子育て住育の家〉を実際に見学していただいたときには、遊んでいる三歳だった孫を見て、「住育の家は〝まるで昭和の時代のような子どもらしい生きいきとした子どもが育つ、子育てがしやすそうな家ですね。こんな家をもっと広げていかないとね〟」とご感想をいただき、大きな確信と励みをいただきました。

「住育の家」を訪れた鮫島さん（中央）

偉大な祖父・渋沢栄一氏のこと

著者・宇津﨑光代

宇津﨑　さてお祖父さまの渋沢栄一氏は、来年（二〇二一年）にはNHKの大河ドラマにも決まられているそうで、いままさに「ときの人」という感じですが、お祖父さまのことで何か覚えておられることなどはおありですか？

鮫島　それが、祖父が亡くなりましたのは昭和六年でしたでしょう、私はそのときまだ九歳でしたから、頭をなでてもらったぐらいの記憶しかないのですよ。あまりに幼すぎて、何か薫陶《くんとう》を授かったとか、言葉をかけてもらったとか、そういったものはないのです。でも優しくて穏やかで、心の広い方だったという印象はあります。その頃はもうすでに現役を退き、社会事業や国際親善など、どちらかといえばみなさんのお手伝いのようなことをして日々を楽しんで暮らしていたのでしょうね。

ただ、子どもの頃、父から「祖父はこういうことを言っておられた」という話はよく聞かされました。父は祖父を大人《たいじん》と呼び、何かというと「大人なら、こういうときはどうなさっただろう？」と、つぶやいていました。父は自分の父親のことをほんとうに尊敬しているのだなあと、子ども心に察していました。その尊敬に値するものを理解するのは、ずっとあとになってからでしたけど。

先生のまだまだお元気な秘訣とは

宇津﨑　先生は大正一一年のお生まれで、今年で九八歳になられますが、姿勢もよくてお元気で、びっくりです。

鮫島　おかげさまで結婚してから病気らしい病気もせずに、薬も飲まず、この歳まで無事に過ごさせていただきました。

宇津﨑　現在のお住まいも、お一人暮らしですよね？

鮫島　はい、主人を見送ってからはずっと一人で暮らしております。三人の息子のお嫁さんたちがいろいろと世話を焼いてくれるのですが、人間あまり世話を焼かれるとボケるからと、いまのところ一か月に一度の手伝いで結構、と頼んでいます。それで三人の嫁が一人月に一日、手づくりの昼食持参で来て手伝ってくれています。そのほかは一人で自由意志のまま暮らして、ご依頼のままに全国あちこちでお話する機会をいただいたり、楽しく日々を重ねております。

宇津﨑　息子さんたちやお嫁さんたちのご心配はお察ししますが、先生ご自身は、新幹線に乗るのもお一人で、びっくりするぐらいお元気なのが、自分のことのように嬉しいです。新しい出会いに対する好奇心が強く、「行ってみたい」「見てみたい」「学びたい！」という感性が若々しくていらっしゃる。先生の健康と長寿の秘訣はもしかしたらそのへんにあるのかな、と思うのですが？

鮫島　日頃、歳を忘れていることもありますが、思いが叶わないときもくよくよせず、思いを転換することができます。何かあっても、「すべては神様の思し召し」と素直に受け止め、ストレスとして溜め込まないことです。

自分の身に起こることにはすべてに意味があり、いまの「生」で学習するために、起こるべくして起こっていることです。そう思えばどんなことにも感謝の気持ちをもてますし、魂をレベルアップさせる「課題」をクリアするべく取り組んでいるとも思えます。

輪廻転生なら、ありがたいことに私の生涯は比較的ラクな応用問題を与えられた人生だったと感謝しております。ただ戦争の時代は、ずいぶん苦労もいたしましたが。

二〇代に体験された戦争と震災時の子育て

宇津﨑　ご結婚が二〇歳のときで、ご主人は岩倉具視《ともみ》公の孫《まご》にあたられる鮫島員重《ともしげ》さんですから、偉人の子孫どうしのご結婚なのですね。戦争のご体験は、ちょうど結婚された頃と重なりますが。

鮫島　まだ学生でしたが、昭和一六年、婚約中に戦争が始まり、翌一七年三月、高等科（いまの短大レベル）卒業後、二週間目に結婚式を挙げました。娘時代は、世間知らずの暮らしをしていたのですが、結婚したとき、鮫島はサラリーマンでしたから、結婚と同時に一般平均レベルの暮らしが始まったのです。

主人は三菱重工に勤めており、その頃、名古屋の工場からの何か「極秘の出張」とかで、三か月間不在の最中に、思いがけず名古屋が初の空襲に遭いました。焼夷弾が降り注ぐなか、年子の赤ん坊を二人、壕のなかに閉じ込め、庭中に落ちた焼夷弾を濡れ莚《むしろ》で消し、幸いうちは焼けずに済みました。その後、人のすすめで縁故のない先に疎開をしたり、大変でした。

空襲直前の昭和一九年には、知多半島を震源地とするマグニチュード7の地震もあり、ちょうど二階に子どもを寝かしていたので、あわてて駆け上がって子どもを抱き上げたとたんに壁が落ちてきました。階段を下り茶の間を駆け抜けるとき、食器棚の扉が観音開きに開いて食器が襲いかかってきた、ということもありました。そのあとも物資不足で物がない時代のなかで赤ん坊二人を育て、終戦後にもう一人男の子に恵まれ、息子は三人になりました。

2、一軒の家が一生の役に立つ!
～半世紀前の二世帯住宅、賃貸併用住宅にびっくり!～

老後の暮らしをイメージして若いうちに建てる

宇津﨑　さて私は、お母さんの家事をラクにしたい、家族を仲良しにしたい、と「住育の家」づくりを生涯の仕事としていますので、先生がお建てになった〈家〉にとても関心があるのです。

何度か東京のご自宅にお伺いしているのですが、お部屋のリビングの壁側に素敵なソファがあり、布の張地だけデザイン違いのお揃いの椅子が置いてあるのが不思議でした。あとでお聞きすると、気に入ったソファを購入されたときに、張ってある布地を無理にお願

鮫島純子さん

いして余分に買って帰られて、あとで別の店で買った中古の椅子に張地をご自分で張られた、ということでした。

鮫島　それは毎朝、明治神宮でお目にかかる台湾の女医さんからのアドバイスで、「ふわりと座るソファより、堅い椅子を常時使うほうが姿勢の良さが保て、健康のもとです」と、注意されました。しかし堅いソファをやっと見つけたもののバラバラで、苦心の作です。

宇津﨑　これには、一緒に連れて行ったインテリアデザイナーの長女（友見）も、とても素人の主婦の発想とは思えない、とびっくりしていました。なにしろ五〇年も前の話ですからね。家を建てられたのは、戦後になってからでしたか？

鮫島　昭和四一年でしたね。主人の父（舅）は戦時中、南方海域最前線で司令長官をしていた人で、戦争が終わったあと部下を日本に帰した後、オーストラリアに連れて行かれました。戦後七か月後に敗戦の将となって帰還しましたが、すでに身体を壊していました。亡くなるまでの一〇年間は病床で、恩給もなく、治療費に財産を使い果たして見送りました。家屋敷だけが残りましたが、姑が七〇歳で私たち夫婦と同居することになりました。

相続税を払うために家屋敷を売り、残金で家は建てられても、定年退職後の晩年、年金だけでは心細いでしょうから、いま狭い思いをしても、人にお貸しする部分をつくって家賃収入を得ることを考えたのです。それで一～二階を賃貸にして、三階部分を私たち家族の住まいにしようと決めました。崖に面していた土地で、ちょうど三階が崖の上の道路の高さで、家専用の玄関になりました。息子たちは三人おりましたが、就職して誰か一人は出て行き、勤務先の寮住まいをするであろうと見込んで、親子四人家族と母（姑）用の二軒の部屋を隣どうしで暮らすような建て方をしたのです。

宇津﨑　それは、専業主婦をされていた先生お一人のご発案だったのですか？

鮫島　はい、私の希望でした。主人はどちらかというと、定年退職したあとは多摩川べりに安い広い土地を買って、家は小さくてもいいから広い芝生付きの庭にゴルフの練習ができる場をつくりたい、という考えだったのです。それまでの典型的な日本の夫婦そのまま、妻である私の意見を受け入れる環境ではありませんし、私は教えられた通り服従が当たり前で、すべて主人の気に入るように従って暮らしてきたのですが、老後のことを考えるとこれだけはぜったいに譲れない、と申し出ました。それで、すんなり譲歩してくれました。

五〇年前に別居隣居二世帯住居の驚き

宇津﨑　当時は妻（嫁）の意見を通すというのは大変なことだったと思うのですが、半世紀以上も前に、よく将来のことを見据えて、賃貸収入が入るようにしておくとか、二世帯分離住宅にするとか、建築業界のプロのみなさんより先見性がおありになるというか、もう驚きですね。

鮫島　所帯分離のことは、嫁の立場ですから、私から言い出すのは非常に憚《はばか》られる雰囲気だったのですが、これから先を考えたら、お互いに気兼ねが続くとストレスになりますしね。夫は母親と住まいを分ける件については「そんなかわいそうなことは、俺からお袋には言い出せない」とのことでしたので、それでは私が伺ってみましょうと勇気を出してお伺いしましたら、さっぱりした人だったので、

「いいわよ」と、案外あっさり受け入れてくれました。

中を仕切って、それぞれが玄関から出入りする仕組みで、夕食だけは一緒にしていたのです。姑の家のほうにも小型ながら台所、お風呂、トイレをつくり、起床就寝時間もお互いに気兼ねなく自分のスケジュールで暮らせるようにしました。昔の嫁と姑の関係は「お仕えする」という感じでしたから、姑にしても一大決心の新生活だったことでしょう。

万が一のとき、あるいは日常的に介護が必要になったときのために、中から行き来ができるように一か所だけ扉用にできる壁をつくっておきました。結局、その扉は一度も使われることもなく、姑は八五歳まで元気で自由に暮らし、亡くなりました。でも分離しておいたおかげで、姑が亡くなってしばらくの間はお花を飾って仏間にしましたが、一年ぐらい経ってからそのまま人にお貸しすることができました。

主人の反対を押し切ってのアパート業に、「俺は一切タッチしないぞ」と宣言した言葉通り、入居者の選定も修理も最後までノータッチ。口を挟まない代わり、退職金は私としてもノータッチ。生活費はアパート収益のなかから捻出し、穏やかに暮らしました。

宇津﨑　祖父のＤＮＡと、子どもの頃からご自身が見たり聞いたり感じたりされていたことすべてが、

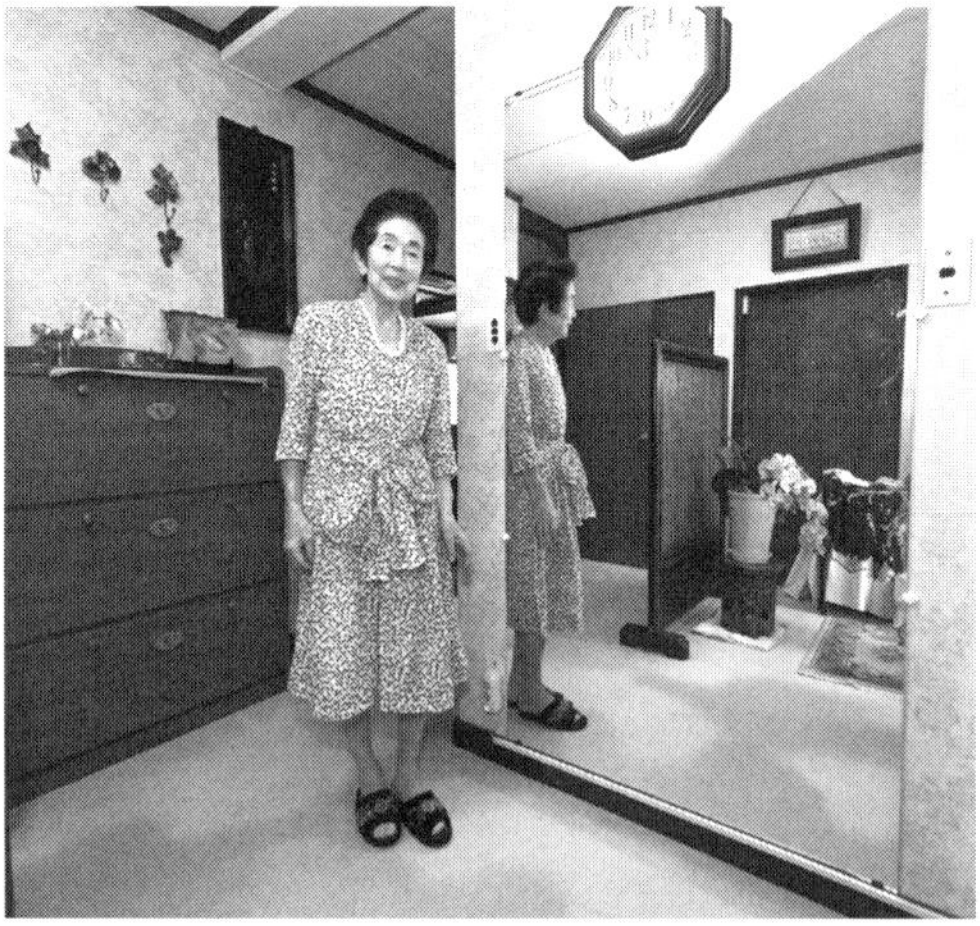

50年前に建てた二世帯分離住宅の玄関に立つ鮫島さん

家づくりや暮らし方に生かされたからこそ、プロも顔負けの発想になったのですね。

いつしかすばらしいまちに発展

宇津﨑　お部屋を人に貸す、賃貸経営は順調だったのですか？

鮫島　はい。ずっと人にお貸しするスペースはやはり「駅近」でなければ借り手がなくなると見越し、駅近の物件を探しました。しかし駅近の場所は価格が高いので、自家用と二か所を買うだけの余裕がなく、仕方なく賃貸スペースの上に住居スペースが乗るつくりになりましたが、かえって管理がこまめに行き届きました。五〇余年、店子さんとも仲良く、トラブルなしで今に至っています。

崖の下から一階が駐車場で、二階、三階が賃貸で、上の道路から見ると四階部分が自宅で出入りに便利、という構造でしたが、当初は崖の下ということで、あまりいい土地とは思えませんでした。崖の上には戦後すぐに建った都営住宅があり、その方たちのゴミ捨て場みたいになっていました。そこで、精神的な教えをいただいていた先生にそれとなくお話ししましたら、「自分が変われば、周りも変わりますよ」「自分の精神性レベルが上がれば、それに合わせて周りも必ず良くなるから」とのご指導で、まず自分の心の浄化に努力しました。

気がつけば、門前の都営アパートは老朽化に伴い解体されて公園になり、近くにコンビニができ、猫の額さながらの狭い庭の植物も花をいっぱい咲かせ、鳥も来ます。門前の公園は、寄付した桜の木もすばらしく成長し、まるでわが家の広いお庭のような景観になりました。公園の隅には区のセンターができ、そこでお稽古ごとができたり、近くに商店街も整い、便利な街になりました。

古くなりましたが、駅近だということで入居者に困ることなく、お家賃も上げずに年を重ねました。みな穏やかな方ばかりで、自分が出している雰囲気でしょうか、意識しなくても同じ波動が自然と引き寄せられているようです。自分が和やかな波動、愛のオーラを出していれば、その波長にご縁のある人が集まってくるという、宇宙のルールなのでしょう。

宇津﨑　すばらしいご経験ですね。

屋上を家庭菜園と太陽光発電に活用

鮫島　生まれてから、瓦屋根の家ばかりに住んでいましたから、初めてこの自宅のコンクリートの建物の屋上に上がりましたときは、太陽が燦々《さんさん》と降り注ぐ広いスペースを見て、庭の寂しさを感じていた心がパッと開けて、「ここに家庭菜園をつくろう」とひらめきました。一人でコツコツと煉瓦《れんが》を運びあげ、囲いをつくり、ゆっくりと土を運び、一人で完成させました。そこに台所屑と石灰、鶏糞を入れ、太陽光のおかげでよい土壌がすぐにできあがりました。

昨今は殺虫剤、人工肥料、除草剤が増え、昔ながらの虫喰いの元気な葉菜類が店頭から失われていくのを見て「屋上で元気な野菜が栽培できたら……」とワクワクしながら、健康志向でもあり、楽しみに続けていたのです。

ところが一〇年が経ち、屋上の防水点検で業者が来たとき、建物の痛みが早くなるからダメ、と撤去されてしまいました。その後もシンビジウムを屋上で育てていたのですが、蕾《つぼみ》が膨らんできた花の鉢を何鉢も抱えて屋上へ上り下りする私を見て、今度は主人がハラハラ、「それだけはやめてくれ！」と反対され、それも断念しました。それからは屋上に太陽光発電装置を設置し、最初はお風呂の給湯をまかなう程度でしたが、いまでは東電に売電しています。

宇津嵪　最近、私も次世代の子どもたちのために、「住育の家」づくりと共に、農薬を使わない安全な家庭菜園を全国に提案していこうと活動を始めたばかりです。家庭菜園にしても太陽光発電にしても、最近でこそ、ようやくみんながその意義に気がついてやり始めたことを、先生は五〇年も前から実行しておられたことに驚きです。

3、平和な未来は一軒の幸せな家族から

幸せな家族を世界じゅうに増やしていきたい

宇津嵪　渋沢栄一氏は「日本資本主義の父」と呼ばれるほど、明治時代に数え切れない企業を創業し、教育、福祉、医療など幅広い社会事業にかかわり、世界的な視野をもって、とりわけこれからは民間による国際交流が必要だと、望んでおら

花が咲き誇る鮫島邸

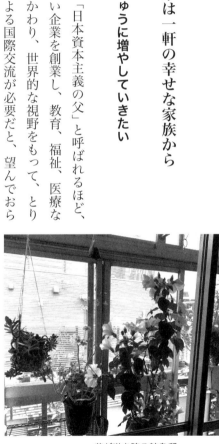

れたそうですね。

私は「住育の家」の活動で、モンゴルやロシア、中国などで日本文化を紹介するなど、世界じゅうで民間交流活動を続けてきました。特にモンゴルでは、今から二五年前に首都ウランバートル中心地の大きなホテルをリニューアルする仕事をいただいたご縁から、遊牧民の住居・ゲルに魅せられるようになり、家族のあり方などを学び、「モンゴルの家族学と日本の『住育の家』づくり合同絆研究プロジェクト」がスタートするに至ったのです。昨年一一月にモンゴルでのボランティア講演の依頼を受けたとき、少し躊躇していた私に、鮫島先生は「民間交流は継続が力です！」と、背中を押してくださいました。

いま日本では、親が子を、子が親を、きょうだいを、家族の間での殺し合いが起きています。家族の絆が失われて一人ひとりがバラバラになっている問題を社会全体でなんとかしないといけません。こんなときだからこそ、住まいを見直して家族を取り戻していかなければならないと思っています。

私は教師をしていたこともあって、子どもたちの問題行動と住居・間取りとの関係についてずっと研究してきましたが、「幸せな家族を世界じゅうに増やしていきたい」と、半世紀かかって辿り着いたのが「住育の家」なのです。

鮫島　よく、そのことに気がつかれましたね。宇津﨑さんにはきっと、半世紀かかって辿り着いた、家族を幸せにしていく家づくりを広め、未来に伝えていく、という使命がおありなのよ。きっとそれが、あなたがこの世に生まれて、天から与えられた「天命」なのでしょうね。

私がずーっと祈りを続けている「世界人類が平和でありますように」という願いも、突き詰めれば、愛と調和で日本の発展と世界の融和を願っていた祖父と共通の思いでしょう。宇津﨑さんの「幸せな家族を育む家」を広げることも究極は同じだと思います。

私はよく講演会などで「未来に残したいものは？」と聞かれるのですが、「家事をやりながら小さな子どもを見守っていた母親の存在」と答えています。女性の社会的進出もそれはそれで大切なのですが、せめて三歳まで、といわず、一つ……九つと〝つ〟のつく年まで、子どもは母あるいはお祖母さんのぬくもりのなかで育ってほしい。

九八年の生涯でいろいろ経験しましたが、大事なことは、「何があっても不動心」「心のもち方でネガティブな出来事もポジティブに変える心の習慣」を癖づけることです。それには幼い頃からの母親の「よかったね、神様ありがとう」といった言葉とかかわり方が大事です。「住育の家」のように、親子の接点の多い間取りが「心の成長」になると思います。「住育の家」を広めていくことは、「礼節のある安心して住める国（＝家）」「子育てを大切にする国（＝家）」へ、ひいては「愛」を知る穏やかな心を育て、世界の平和に必ずつながっていくと思います。

宇津﨑　家族は社会の縮図であり、未来の社会、世界をつくっていく基礎ですものね。いま、「住育の家」にお住まいの

鮫島邸で

全国のお客様から、感謝の連鎖が広がっていて、みなさんが「相談室」を立ち上げられたり、ほんとうに嬉しいのです。

鮫島　「平和な世界」はまず一人ひとりの心の「平安」から生まれてきます。後継者であるお嬢さん、せつ子さんの『家事・子育て・老後まで楽しい家づくり』の本と一緒に、新しくできるこの本を、ぜひ総理大臣や国会議員さん、行政のみなさんにも届けて読んでいただきたいですね。

宇津﨑　先生、どうかこれからもお元気で、〝人生一〇〇年時代〟の輝ける希望の星として、いつまでも私たちの活動を見守り、応援してくださいね。よろしくお願いいたします。今日はありがとうございました。

＝＝＝＝＝＝＝＝＝＝＝＝＝＝＝＝＝＝＝＝＝＝＝＝＝＝＝＝＝＝＝＝＝＝＝＝＝

鮫島 純子（さめじま・すみこ）

エッセイスト。1922年（大正11年）、東京生まれ。祖父は日本の資本主義の礎を築いた渋沢栄一。岩倉具視のひ孫の鮫島員重氏と結婚、男児3人をもうける。夫の退職後、夫婦で絵をたしなみ、水墨画の目黒巣雨氏に師事。独自の健康法を長年実践して、病気知らずの若々しい美しさも注目されている。著書に、『あのころ、今、これから…』『毎日が、いきいき、すこやか』『忘れないで季節のしきたり日本の心』『子育て、よかったこと、残したいもの』『なにがあっても、ありがとう』『祖父・渋沢栄一に学んだこと』など多数。

渋沢 栄一（しぶさわ・えいいち）

1840年3月16日生まれ。江戸時代末期に農民（名主身分）から武士（幕臣）に取り立てられ、明治政府では、大蔵少輔事務取扱となり、大蔵大輔・井上馨の下で財政政策を行った。明治政府の大蔵官僚を辞めたのちは、まず日本を富ませなければ、と実業家として銀行など日本近代経済の基礎を育てる。第一国立銀行や理化学研究所、東京証券取引所など多種多様な会社の設立・経営に関わった。こうした功績から「日本資本主義の父」と称される。また、論語を通じた経営哲学でも広く知られている。
令和6年（2024年）より新紙幣一万円札の顔となる。また、令和3年（2021年）には渋沢栄一を主人公としたNHK大河ドラマ『青天を衝け』が放送される予定。

＝＝＝＝＝＝＝＝＝＝＝＝＝＝＝＝＝＝＝＝＝＝＝＝＝＝＝＝＝＝＝＝＝＝＝＝＝

★コラム②★

家庭菜園のすすめ

「住育の家」で、いまお奨めしている楽しい暮らし方のひとつが、自宅の庭（マンションのベランダでも）でできる「家庭菜園」です。

土がもつ力、大地のパワーに触れ、四季の自然を肌で感じる暮らしを、家族揃って楽しむことができます。自分たちで育てた無農薬、安心・安全な野菜は食卓を豊かにし、身体も心も健康にしてくれます。

18階の高層マンションでも実験しましたが、マンションのベランダのプランターでもある程度のものなら栽培が可能でした。庭に小さな土地があればなおOKです。最近は市民農園などの貸し農園や、農業指導つきの体験農園なども、あちこちにできているようです。

一人住まいでも、パセリやネギ、シソ程度でも、あればとても便利で重宝します。ミニトマト・ししとう・ナスなどの「実もの」、キュウリ・ゴーヤなどの「ツルもの」、ハクサイ・キャベツ・レタス・コマツナ・ホウレンソウ・シソ・バジルなど「葉もの」、ジャガイモ・ニンジン・カブなど「根もの」……。

野菜の栽培・収穫からは、現代の暮らしのなかでとかく失われがちな、四季折々の旬の野菜の実り、自然の季節のめぐりを感じることができます。

実際に種を蒔き、苗を植え、芽が出て、花が咲き、実が成る。植物が生きて成長していく姿を、子どもたち、孫たちにもぜひ見せて、体験してほしいものです。

何を植えるか、家族で相談されたり、家族でそれぞれの役割を決めて世話をしている、「住育の家」にお住まいのご家族もすくなくありません。きっと家族に共通の話題が増えるはずです。ぜひチャレンジしてみてください。

第4章

「住育の家」は
こうして生まれた

―家づくりにささげた半世紀と未来への夢―

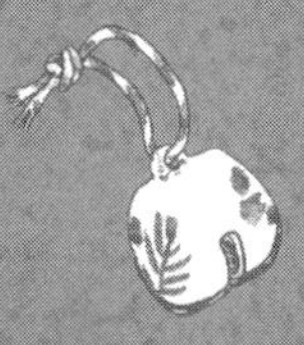

1、「住育の家」の半世紀、家づくりの原点

コウノトリのふるさと

私は、一九四六年（昭和二一年）兵庫県豊岡市の但東町で生まれました。幸せを運ぶコウノトリで有名な豊岡市内を転々とし、幼なじみとコウノトリをたくさん見ながら育ちました。

ディズニーではコウノトリは赤ちゃんを運ぶ鳥——

それなら私は、「幸せ家族」を全国・世界に運びたいなぁ——なんて、デッカイ夢を追うようになったのかもしれません。（笑）

コウノトリ

生家のすぐ近くにできたモンゴル民族博物館

母がまだ生きていた頃、ある年の夏のことです。「あなたの生まれた場所を一度、見せておきたい。いつか連れて行きたいとずーっと思っていた」と言って、但東町（現・豊岡市）の、とある場所まで連

れて行かれたことがありました。

そのときはなんの気なしについて行っただけだったのですが、私の生家があった場所のすぐそばに、なんと「日本・モンゴル民族博物館」という素晴らしい建物が建設されたのです。一九九五年に建設計画がスタートし、一九九六年に完成、一般公開されたこの民族博物館は、まさに小さなまちの大きな国際交流です。

それはちょうど私が、モンゴルの首都・ウランバートルのホテルの仕事を依頼され、初めてモンゴルを訪ねた年と時期が同じだったのです。私がモンゴルで遊牧民の住居「ゲル」のことを知り、のちに「住育の家」につながるヒントを得た、そのスタートも一九九五年だったのです。

「住育の家」の原点でもある私のモンゴルでの活動と、私が生まれたふるさとの地に「日本・モンゴル民族博物館」の建設、この二つの物語が私の知らない間に同時進行してつながっていたのです！

これはなんという奇跡？　不思議な偶然！　なのでしょうか。

坂本館長、著者、在大阪モンゴル国総領事と奥田氏

三人の家族の、家のなかでの事故

小学生の頃は、やせっぽちの泣き虫で、同級生によくいじめられていました。そんな私が、中学生になると身長が一気に伸びて、スポーツ万能、運動会のヒロインに大変身！

だけど私には、母から聞かされていた、忘れてはならない一つの記憶がありました。私が生まれる前、赤ん坊のときに亡くなった兄がいたのですが、私はその死んだ兄の生まれ変わりだというのです。冬のある日、兄は囲炉裏に転げ落ち、全身に大火傷を負って、母の腕のなかでこときれたそうです。

また母方の祖母は、五右衛門風呂で溺れて亡くなっています。いまなら、安全な浴槽で、風呂場に手すりがあれば、助かった命です。

私の父は七二歳で、冬の夜中にトイレで脳梗塞を起こして倒れて亡くなりました。冬場の布団の暖かさとトイレの寒さ、その温度差が脳梗塞を引き起こしたのです。だからいま、家のなかで裸になる場所にはパネルヒーターをつけ、温度のバリアフリーを提唱しています。

人が亡くなる事故は、実際には家のなかで起こっていることが多いのです。私が安全な家づくり、家族を幸せにする家づくりをめざした原点には、三人の家族の家のなかでの事故がありました。

「人の役に立つ人になれ！」

もう一つの原点は父の影響です。私が幼い頃から父は小学校の校長をしていました。我が家は代々、教師の家系でした（明治生まれの父は国から勲五等瑞宝章を授与された厳格な人でした）。

子どもの頃から、たたき込まれた父からの教えは、「人の役に立つ人になれ」の言葉。それは小さな私の身体にしみ込んでいきました。成長した私は当然のように教師になる道を歩みました。

しかし天職だと信じていた教師の仕事を辞めて、建築家になったとき、「人の役に立つ人になれ」というその言葉の教えは、いつしか「人の役に立つ家」「人（家族）を幸せにする家づくり」になっていったのだと思います。そんな家をつくることが私の仕事、という思いが知らず知らずのうちに大きくなっていったのです。

2、ミセスリビングにたどりつくまで

建築業の夫と結婚、天職だった教師を退職

短大を卒業した私は大山崎で小学校の教師になりました。子どもたちに体当たりでぶつかり、楽しくてたまらない毎日でした。初めて担任したクラスの教え子たちが、今でもずっと私の人生を支え続けてくれています。ミセスリビングの会

教え子たち、60歳の同窓会で（亡き敬ちゃんも写真で参加）

社を立ち上げときの相棒だった修君。「先生の老後は僕が介護するから！」と言いながら六〇歳を前にして亡くなった敬二君。そして私の幼なじみの息子の誠司君……。振り返ると、いろいろな場面で私を助けてくれた教え子や幼なじみでした。

二二歳のとき、私は結婚しました。夫は建築家で、両親が終の棲家として新築した家の現場監督でした。

結婚当初は夫の社宅に住んでいたのですが、通勤が不便で、妊娠をきっかけに長岡京市の両親の家に夫が一部屋増築し、そこに間借りすることになりました。それは、その後もさまざまな家に住み、間取りの実験・実証をする〝自宅遍歴〟の始まりでした。

夫の起業・建て売り住宅に住む

第二子の産休が明けてしばらくたった頃、夫が会社を辞め、独立して「宇津﨑工務店」の看板を掲げることになりました。ある日のこと、夫が、「教師を辞めて、ここで働け」、と言ってきたのです。

教師は自分の天職、と思っていたのですが、夫に押し切られ、泣く泣く学校を退職して工務店で働くことになりました。

夫の起業とほぼ同時に移り住んだ家が、初めて購入した持ち家で、小さな建て売り住宅でした。両側を建物に挟まれて、部屋のなかは昼間でも電気を点けないと過ごせないほど暗い。玄関の真横にトイレがあるため、玄関に人が来るとトイレから出ることができません。玄関からまっすぐ二階へと伸びた階段は勾配がきつく、危険な構造でした。

その頃の建て売り住宅とは、たいていそんなつくりだったのです。その家では、明るくするために、壁に穴を開けてサッシを取り付けるなど、狭い家をあれこれリフォームしながら暮らし、実験しました。

自宅で子育てと間取りの実験！

次の家は、工務店から宇津﨑建設になったときで、一階が事務所、二階が自宅の併用住宅でした。

引っ越しをするたびに、家のなかの「子育てと家事のしやすい間取り」について考え、いろいろ実験し検証するようになっていました。

特にこの店舗付き住宅は、近所に住宅がなく、実験にはピッタリの環境でした。子ども部屋は、一人一部屋の個室を与えるのではなく、三室を三人が共同に使うようにしました。一部屋は遊ぶための部屋、次の一部屋は勉強するための部屋、最後の一部屋は三人共同の寝室です。子どもが小さい間は子どもたちを個室でバラバラにするのではなく、ある程度大きくなるまで一緒にして育ててみたのです。これは成功だったと思います。三人きょうだ

1F が宇津﨑建設、2F が自宅

いはとても仲良しだったのです。

あるとき、勉強部屋で勉強しているはずの子どもたちの様子を、扉を静かに開けてのぞいてみたら、三人が仲良く揃ってマンガを読んでいたのに、なんとそれをサッと机の下に隠したのです。それで、勉強部屋に丸い大きなのぞき穴をつくって外から中の様子がよく見られるようにするなど、親と子の知恵くらべでした。

寝る部屋が三人一緒だと、おしゃべりしたり遊んだり、挙げ句の果てにはケンカになってしまうので、眠りにつくまでお話の読み聞かせを始めました。最初は私が手本を見せて、次は三人の子どもたちが交代でできるようにし、「日本むかし話」のお話のテープもよく聞かせました。そのうち、三人が順番に語り聞かせができるようになりました。

結婚し子どもたちが生まれた頃

〝教師の経験〟と、〝建築家の技術〟を合体させて、いろいろな「楽しい暮らしの実験と検証」を試みたのです。これらはのちの「住育の家」のアイデアに生かされていくことになります。

「ど素人（女）は黙っとけ！」

宇津崎建設が軌道に乗り始めると、私も現場へ出ることが多くなりました。そのなかで、現場の住宅の間取りに疑問を感じることが多くなっていきました。

まず一番に疑問に感じたのはキッチンの配置でした。そんな疑問に口を出したとたん、「ど素人は黙っとけ！　女は口を出すな！」と言われてしまいました。

でも、家のなかに一番長くいるのは、その私（女）。当事者である女性の意見が家づくりに取り入れてもらえないって、どういうこと？

当時の夫は、休みの日も忙しそうに仕事・仕事、朝早く家を出ると、夜は外食や接待と称してお酒を飲み歩き、帰ってくるのは夜中でした。家にいないこんな男性たちに、子どもたちが安全に育ち、家族が毎日笑顔で健康に暮らせる家が建てられるものだろうか？

「ど素人があかん、って言うんやったら、私がプロになる！」

インテリアスクール通い、プロへの道

あれこれ調べ、大阪に藤井和子先生のハウジングアドバイザースクールが第一期生を募集しているのを見つけて通いました。そのあとは町田ひろ子先生のインテリアコーディネータースクール第一期生、インストラクター一期生と、プロになるためのスクール通いが始まりました。

朝は朝食とお弁当をつくり、あとかたづけなど家事を済ませて会社に出勤。事務や銀行でのお金の振り込み、現場のあとかたづけ。買い物をして家に帰り、夕食の準備。それからやっと、大きなかばんを抱えて大阪行きの電車に飛び乗る。夜間の部のインテリアスクールが終わり、家に帰って夜中に課題

をこなす。……そんな毎日でした。忙しすぎる私を見かねた母が、助けに来てくれました。

三人の子どもたちは、私より私の母が育てた、と言ってもよいほど協力してもらいました。

おかげで四つのインテリアスクールを四年かけて卒業し、同時に全国各地で開催されたインテリアデザイン、インテリア関係の講習会や海外研修にもできる限り参加し、最新の情報と知識を身に着けました。そして一九八六年、夫の宇津﨑建設の全面的なバックアップと、かつての教え子たちに支えられ、「株式会社ミセスリビング(＝主婦の居間)」を創業しました。ビルの一階の間借りからのスタートでした。

3、実験、検証……住まいと家族学を学び続けて

ミセスリビングの創業と発展

一九八九年の創業から三年後、阪急長岡天神駅近くに、自分でデザインした三階建てビルのミセスリビングを建ててもらいました。

それまでの家づくりは、「予算は？」「何坪？」「坪単価は？」という〝箱づくり〟の数字から見積もることが通常でした。しかしミセスリビングは、「こんな家族になりたい！」「こんな暮らしがしたい！」という視点でお客様から要望を吸い上げ、それらを生かす「間取り」「暮らし方」を提案する家づくりをスタートさせたのです。

そんな独自の家づくりが注目され、ミセスリビングにはだんだんと人が集まってくださいました。

地域への貢献も意識し、三階をギャラリーとして展示会や個展に開放したり、文化セミナー、勉強会やパーティー、ミニコンサートなどを開催し、楽しんでいただきました。

同時に私は、インテリアや世界の住宅の勉強に励みました。インテリアデザインの巨匠、樋口治先生の最後の旅では、フランスへの一か月旅行に同行させていただき、たくさんのことを学ばせていただきました。そのあとも、北欧の高齢者やハンディキャップをもつ人々の福祉施設の住まいなど、世界中に視察に出かけました。なかでも特に興味をもったのは、モンゴル草原の遊牧民の住居「ゲル」と、モンゴル人の家族のあり方、生き方でした。以来、一五年にわたってモンゴルに通い続けることになりました。

この頃から時代が少しずつ変わり、建築士が机上で設計して建てた家を売る従来型の建て売り住宅から、「女性目線」や「生活動線」などの発想が少しずつ注目される時代になってきました。そんな時代の潮流、追い風を受けていきました。

インテリアの巨匠・樋口治先生と中国や最後のフランス研修にも同行

豪邸での生活と奈落

ミセスリビングがオープンし、宇津崎建設も順調に業績を伸ばしていきました。夫は四度目の自宅である注文建築住宅を、長岡天満宮の鳥居のなかに、自らが設計して新築しました。

この家でも実験、実験。三室の子ども部屋の収納スペースを工夫したり、照明器具などはそれぞれ違うものを入れ、子どもの反応や使い勝手を検証しました。

しかし、夫が自分の夢の実現のために思い通りにつくった豪邸なので、私の意見は却下されました。残念ながら、何百万円もする豪華なシステムキッチンセットはダイニングルームと連動しておらず、子どもたちと一緒にお料理する夢はかないませんでした。その頃は私自身も忙しく、三人の子どもたちは三階にそれぞれ大きな個室が与えられたため、学校から帰ると各自が個室に直行し、閉じこもるようになってしまいました。

大人になってから三人が口をそろえて言うのは、この豪邸での思い出よりも、幼い頃に狭い家でひしめき合うように暮らしていたときのほうが、なぜか家族みんなが仲良くて楽しかった、と。夫には気の毒ですが、皮肉なものです。

一九九二年には長女・友見が、一九九五年には次女・せつ子がそれぞれ大学を卒業し、ミセスリビングに入社してくれました。長女は、インテリアデザイン学校を卒業後イタリア留学で修行し、インテリアデザイナーとなりました。次女は、建築現場が大好きで、入社からずっと職人気質の修行をし、一級建築士の資格を取得しました。それぞれみごとに才能を開花させ、仕事を支えてくれました。

夫の身体に異変が起きたのは一九九九年のことで、突然の末期の肺がんでした。若い頃に建設現場でかかわったアスベストの影響かもしれないし、長年の不摂生やムリがたたったのかもしれません。発見から半年もたたないうちに、夫は最期のときを迎えました。

高度経済成長とバブルという〝時代〟の階段を早足で駆け上がり、さんざんがんばって一気にてっぺんまで登り詰め、そこから真っ逆さまに転落するように、一九九九年、多額の負債を残し、五四歳の若さで逝ってしまいました。

あとで調べてみてわかったのですが、この家は夫が自由に設計したため、家相学的には夫には良くなかったようでした。そんなこともあって、娘たちは家相も含めて必死で勉強をし、建築士、不動産などいろんな資格を取ったのです。

京都のほんまもん、京町家で学んだ貴重な体験

負債処理ですべてを失ったミセスリビングは、御池通りのビル一階のテナントを再出発の拠点とすることになりました。

長岡京市の自宅を売り払ったあと京都市内に引っ越して、次女と私は事務所のすぐそばに古い京町家を借りて住みました。ずっと空き

京都市に引っ越してお世話になった商工会議所のみなさんと

家だったこの京町家にはネズミが出没し、仏壇のお供えまで囓《かじ》られました。しかし短期間でしたが、この京町家で暮らしたことで、京都の先人たちの暮らしの知恵をたくさん学ばせていただきました。

京都商工会議所や経済会の皆さまには大変お世話になりました。

引っ越してきて、京都には「門掃《かどは》き」という習慣があり、毎朝、必ず玄関を掃除したり、お隣との境を掃くのは一尺（約三〇センチ）まで、という暗黙のルールも学びました。狭い町、隣接する住居で、お隣との関係を良好に保つための秘訣なのでしょうか。

借りていた町家は間口が狭く、奥行きが細くて長い、いわゆる「うなぎの寝床」型でしたが、つきあたりに「坪庭」がありました。坪庭には頭上から光が降り注ぎ、家のなかにいながら自然との一体感、季節感を感じとることができました。坪庭と縁側や床の間との関係が絶妙で、建物全体を冷却する風の通り道は、蒸し暑い京都の夏を涼しく過ごせる工夫が施されていました。

また、敷地が狭いために階段が急勾配でしたが、一段目を回り階段にすることで少しだけ勾配を緩和したり、ステップとして足が乗せやすいような形になっており、収納家具と階段が一体になった「箱階段」などの工夫も学びました。

京町家には、先人のさまざまな暮らしの知恵、工夫がぎゅっと詰まっていました。それはこれまでに私が経験した住居とは違うかたちで、理想の家を完成させるための「糧」となりました。

4、モンゴル遊牧民の住居「ゲル」に学ぶ

四〇〇〇年変わらない、「家」がもつ大切な何か

自分自身が体験したさまざまな住居と共に、私に大きな影響を与えたのが、二五年間通い続けた、モンゴル大草原の遊牧民の住まい「ゲル」です。

一九九五年、東京の友人を通じて、「モンゴルの首都ウランバートルのど真ん中にあるビルを、日本人が癒やされるようなホテルにリニューアルしてほしい」との依頼が入りました。依頼主は、モンゴルの政治家でもあるカシミア工場の経営者でした。私は初めて、五月とはいえまだ寒いウランバートル空港に降り立ちました。

この渡航がきっかけとなり、私とモンゴルとのつながりが始まります。ホテル依頼主の弟のバトサイハン氏や、ガン・ウルジー氏は大変好意的で、「モンゴルの良さをもっと知ってほしい」と、車で古都カラコルムや砂漠、山々、寺院、大草原や冬の大雪原、地方の村々など、あちこちに連れて行ってくださいました。

ゲルを見せてあげようと

バトサイハン氏（右端）と

その時々にいろんな場所で、「ゲルを見せてあげよう」と、アポもなしに突然、大草原にあるゲルの入り口のドアから入って行くのです。でも、中から現れた家族は、どこのゲルでもニコニコ笑顔で、私たち知らない訪問者を中に招き入れてくれるのです。

訪ねてきた人は誰でも歓迎する、それがモンゴル遊牧民のゲルの家では「当たり前」であり、そこから学ぶことがありました。

まず馬乳酒をくださり、揚げ菓子、チーズや干し肉などを準備し、お酒を酌み交わしてもてなしてくれます。自分たちが生きていくために必要な備蓄を、惜しげもなく客人に差し出すのです。それはどこのゲルでも同じで、行く先々のゲルで、心からのもてなしを受けました。

あるときお伺いしたゲルでは、中央にあるストーブの上で、一つのお鍋でモンゴル料理をつくり、お酒と一緒に振る舞われました。夜になると自分たちのベッドを空けて、「ここで休みなさい」と言って、自分は地面に敷物を敷いて横になられました。天窓からは満天の星が見え、心が洗われるようでした。

訪ねてきた人を、誰でも自分たちの家族のように心から歓待する、世界人類はみなきょうだいで、困っている人がいたら必ず助ける。それは零下四〇度にもなる極寒の草原で、モンゴル人が生き残っていくために古来から伝えられた知恵だったのかもしれません。

そこには四〇〇〇年間もまったくスタイルの変わらない遊牧民の「家＝ゲル」がもつ、大切な何かがある、そんな気がして、私はずっとゲルやそこで暮らす家族に強く惹かれていったのです。

そんなモンゴルの遊牧民の住居「ゲル」は、「住育の家」の家に対する考え方の基礎になりました。

5、元祖「住育の家」の誕生とその反響

楽しい暮らしをオープンハウスにしたい！

さて、全てを失った私は、自分の夢のかたちとして自宅を新築し、楽しい日々の暮らしをオープンハウスにしたい！　と構想していました。アメリカにインテリア研修に行ったときに、〝自分で家をつくって暮らしをオープン〟しているデザイナーを見て、「私もいつかやるぞ！」とずーっと思っていたことでした。

自分が考え出した「理想の住まい」は、実際に住んでいるところを見てもらい、体感してもらうのが一番だと思ったのです。世間には、見せるためのモデルルームはいくらでもあります。

しかしモデルルームは、暮らしてみると、実際の生活とかけ離れていることが少なくありません。これに対して、ほんとうにいい住まいは、実際に暮らしているところを見てもらってこそ、その便利さや使い勝手の気持ち良さ・快適さが伝わるものです。

家の間取り、構想はできあがっていました。

あとはそんな理想の家をどこに建てるかということでした。周囲の環境も大切ですし、多くの人に見学に来てもらおうと思えば公共交通のアクセスも重要です。

ある日、一枚のＦＡＸが入りました。左京区の京都国際会館近く、駅から徒歩五分、少し歩けば宝

ヶ池公園もある……そんな住宅地の紹介でした。

ミセスリビングの活動を応援してくださっている、父親代わりのような元京都大学哲学教授・戸田省二郎先生がそれを見て、一緒に行ってくださいました。そして「ぜひこの土地を買いなさい！　ここに理想の家を建てて見せてください！」とおっしゃり、「お金がありません」と言うと、「僕の退職金をぜんぶ使いなさい！」と言ってくださったのです。

ありがたいお申し出でしたが、先生からお金をお借りすることはなく、なんとか購入することができました。しかし他人の先生がそこまで言って、背中を押してくださったことに、この土地との不思議な縁を感じました。

こうしてモンゴルとの交流をはじめ、あり得ない奇跡がいくつも重なり、ピンチのときにはその都度誰か応援団が現れ、「理想の家」の建設はスタートしたのでした。

元祖「住育の家」〝お母ちゃんの住まい〟の完成

二〇〇〇年三月、左京区の国際会館の近く、地下鉄駅から徒歩五分の住宅地に、住育の家第一号「お母ちゃんの住まい」が完成しました。

「お母ちゃんの住まい」という名称は、家のなかに一番長くいる主婦・お母さんが太陽のように笑顔でい

お母ちゃんの住まいオープンハウス誕生

られるようにと、「幸せ家族」の象徴として名づけました。それに合わせて、モンゴルの大草原で見た真っ赤な太陽の色をイメージしたエプロンをオリジナルでデザインして作業衣として作ってもらい、全国、世界、どこに行くときもトレードマークとして常に着用することにしたのです。

こうして、小さな自宅・理想の家の第一号「お母ちゃんの住まい」がつくられました。その隣に長女が家を新築し、隣居二世帯住宅の新しい住まい方を提案、楽しい暮らしをオープンハウスしました。そこには全国から、世界から、たくさんの人が見学に来られ、大きな反響がありました。

単に「建築・設計」のジャンルとしてではなく、教育問題や健康問題、環境問題などの視点から「お母ちゃんの住まい」がメディアで取り上げられることが多くなり、TVや雑誌に紹介されて注目を浴びるようになりました。なかでも、映画監督の横尾初喜氏プロデュースの『エチカの鏡』の放映は大きな反響を呼び、全国から毎日すごい見学者が来られるようになり、その数は一万人を超えました。集団で見学に来られた方々も多く、トイレ―洗面―風呂―キッチンが一続きで、開放すれば廊下として使える工夫が、

「お母ちゃんの家、京都の家から見た住まい」フォーラム

健康・環境を考えて

残したい日本的暮らし 伊住さん

特別講演
宇津崎 光代氏

笑いの絶えない、楽しい気が充満した家が理想的

出席者
柳原 範夫氏
伊住 政和氏
加藤 力氏
小倉美津子氏

京都新聞社主催の「お母ちゃんの住まい」のフォーラムは３年続けました

「目からウロコ」と今だに驚かれています。

世界平和のシンボル、「小さな家」の大きな力

京都新聞本社では、二〇〇〇年から三年連続して「お母ちゃんの住まいのフォーラム」を開催しました（前頁参照）。そのことがきっかけで、二〇〇一年、住育の本として第一号の書籍『お母ちゃんの住まい誕生』を出版することになりました。

女性起業家の集まり「国際交流二〇〇一世界大会」が京都国際会館で開かれ、女性起業家でベンチャーの母と呼ばれる今野由梨先生から依頼を受け、世界一七か国の国のみなさんの前で、「お母ちゃんの住まい」の取り組みを報告する機会を得ました。その反響から、海外から観光バスで三〇人も視察にやってこられたり……ロシアの国際交流団のみなさんからは、『住育の家』は世界平和のシンボルですね」と言ってもらいました。

国内はもちろん、ロシア、モンゴル、中国などから招かれて、大学にも何度も講演に出かけました。

特にロシアへは、二〇〇一年から二〇〇六年まで五年間、日本とロシアで交互に開催された日露国際フォーラム会議の日本訪問団の団長として渡航しました。日本から持参した安藤人形店のひな人形や、

ロシア商工会議所で国会議員クラブの会長からバッチと感謝状を受け取る

相国寺管長・有馬頼底さんの書を、プーチン大統領へのお土産としてお渡しさせていただきました。

貧しかった時代には、それぞれの国や地域で伝統的な暮らし方がありました。それが、経済発展と共に急激に人々の生活が豊かになり、近代的な家に住むようになったとたん、家族が分断されてしまったのは、どうやら世界各国に共通して起こっていた事象のようでした。

「住育」という概念の登場

二〇〇二年、この本にエールをくださった河地妙美さんたちと一緒に、NPO法人「次世代の家と社会をつくる会」を設立しました（のちに「一般社団法人日本住育協会」に発展）。「家」とは、街、社会、さらには国、世界につながり、家族の幸せをかたちにするもの、というのがその趣旨でした。

「食育」で有名な先生方が「住育の家」に見学にこられ、心身の健康の基本となる食生活に関するさまざまな教育が「食育」なら、住まいが人を育て家族をはぐくむための「住育」があるのが当然!!、これからも「住育の家」づくりをがんばって、と励ましてくださいました。それから「食と住のシンポジ

日露国際フォーラム賞を受賞

ウム」を開催しました。

また二〇〇七年には、地域活性・まちづくりを学ぶ二人の学生さんが、「住育」の考え方に共感し協力の要請にやってきました。NPO「住育コミュニティ」の誕生です（一八四ページ、コラム参照）。講演やシンポジウムのほか、参加者が交流できる「住育コミュニティ」が毎年、全国各地で開かれるようになりました。

第一〇回住育コミュニティで講演いただいた松岡紀雄氏（神奈川大学名誉教授）は、「住育は日本再生の突破口」と、ずっと力強い応援団長になってくださり、今は社団法人日本住育協会の顧問としてお世話になっています。

二〇年目にして、次々とお客さまからの感謝の声！

それから二〇年、私の暮らしオープンハウスに見学に来られた人は一万人を超え、設計した家は、リフォームや改築などの案件も含め、ゆうに五〇〇軒を超えています。

その「住育の家」にお住まいのお客さまから「子どもが素直でいい子に育った」「不妊だったのが、子どもができた」「離婚寸前だった夫婦の仲がよくなり、笑顔が増えた」「嫁と姑が仲良くなり、ほんとうの親子のような関係になった」と、次々と感謝の言葉が寄せられ、遠方から京都までわざわざ報告に来てくださる方もあるのです。

6、こんな時代だからこそ、私の未来への夢

これからの時代にこそ真価を発揮する「住育の家」

「住育の家」は、なにも近代化に反対したり、貧しかった時代に戻りましょうとか、遊牧民の家に住もうと言っているわけではありません。

日本には日本の自然環境に合わせた住居の特性があり、木材、建材、資材があり、建築工法などを発展させてきた先人の知恵や技術の積み重ねがあります。また世界に誇れる素晴らしい棟梁さん、大工さんはじめ、いろいろな職人さんたちがおられます。そのみなさんが、下請けの下請けとして泣かされるのではなく、お客様の幸せに直接寄り添う仕事ができ、感謝される、そんな循環型の家づくりができればいいと思っているのです。

環境にやさしいと言われる木材・建材、エネルギー対策についても、ずっと実験・検証をしてきましたが、これからももっと研究し、次世代のために取り入れていく必要があると思います。

むしろ、これからはIT社会やAI化していく時代だからこそ、「住育の家」の必要性はさらに強まっていくのではないか？　と思っています。

コロナが世界の様相をすっかり変えてしまいました。ウイルスと共存するこれからの時代、「安心の基地」としての家の役割、抗菌性の高い自然の酵素類や資材、家具の提案など、全国の「住育の家」が

これからチャレンジしていくべき課題は多いと思っています。

「住育の家」未来の夢【1】

ゲルキャンプで暮らす、モンゴル草原ゲルツアー

私はこれまでも、ご縁をいただいた日本のいろいろな世代の人たちを対象に、「住育の家」オリジナル研修ツアーと称して、モンゴル・セレンゲ県トンヘル村で、ガンフヤク（ガナーお母さん）さんのゲルキャンプでゲルの暮らしを体験してもらう企画を何回も実施してきました。

このトンヘル村のゲルキャンプを、もっと多くの日本のみなさんに体験してほしいと思っています。

草原を吹き渡る爽やかな風、満天の星空をぜひ知っていただきたいのです。

よくある観光旅行ではない、モンゴルの素朴なあたたかいみなさんと民間交流できるツアーを、これからの人生一〇〇年時代に向けた楽しい暮らしの実現として継続していきたいと思っています。

亡きガナー母さんとラドナお父さんのゲルキャンプで

「住育の家」未来の夢【2】

住育のシェアハウス

そして、私が人生最後の課題として考えているのが、独り身でも最後まで楽しく暮らせる「住育のシェアハウス」です。実はすでに、たくさんの単身女性のみなさんからその依頼を受けています。自宅で一人暮らしができなくなったとしたら、最後は、個を大切にし、安心して暮らせるグループホームの住まいで生活をする。それがこれから〝人生一〇〇年時代〟を生きる私たちの、現実の〝ピンピンコロリ〟の姿を見せることだと思います。

心身にハンディキャップのある人もない人も、それぞれが自分らしく心豊かに最後の最後まで楽しく暮らすことができる、「住育のシェアハウス」をつくりたいのです。

そのときの動線の配慮とはどんなものか。個室と共有スペースとのつながりはどうあるべきか。プライベートを守りつつ、コミュニケーションが取りやすい工夫とはどんなものか……高齢者が元気になり、毎日を楽しみ、楽しく幸せに暮らせる「住育のシェアハウス」は、果たしてできるのでしょうか？

半世紀かけて実験・検証してたどりついた「住育の家」が取り組むべき課題はまだまだたくさんありそうです！

ワクワクするような生涯青春、〝人生一〇〇年時代〟を！

「住育の家」で心豊かな人生を楽しく、幸せになる家族が一人でも一家族でも増えることを願って。

ワクワクするような人生一〇〇年時代を！

これからもポジティブに、前を向いて、暮らしオープンハウスをして、コンサル・講演活動にもがんばっていきたいと思います！

★コラム③★

モンゴルと私の不思議なつながり

◆「日本・モンゴル民族博物館」金津館長のこと

私がモンゴルに呼ばれた同じ時期に入れ違いのようにモンゴルから帰国し、私の故郷、但東町（現・豊岡市）に移住して「日本・モンゴル民族博物館」をつくり、初代館長となられたのが金津匡伸《かなつまさのぶ》氏です。

金津氏は 1991 年に日本大使館職員としてモンゴルに赴任し、日本に帰国すると、当時の奥田但東町町長に誘われて、日本とモンゴルの架け橋になることを決意されました。駐在中にモンゴルの文化に惹かれて、年収の半分以上を使い、全モンゴルをまわり民間交流で集めた 1 万点以上のコレクションを町に寄贈し、自ら但東町の職員になり、博物館建設をスタートさせました。展示品の質・量ともに秀逸で、世界で一番充実したモンゴル博物館だと言われています。大きくステキな建物のなかには、遊牧民の住居「ゲル」が原寸大で再現されています。ダワードルジ・デルゲルツォグッド在大阪総領事は、全国・世界に知らせないともったいない、と言われています。

そんなか金津氏は 2000 年に、点滴を付けたままの身体でモンゴルが原点の「住育の家」を見学に来られ、純粋な心でずっとモンゴルと民間交流を続けてほしいとお願いされました。偶然にも私の母と同じ 2009 年に亡くなられるまで、私のモンゴルでの活動を強く応援してくださった心強い存在でもありました。写真のお二人には大変お世話になりました。

今は亡き金津館長（左）と奥田元町長

◆ガナー母さんのゲルキャンプ

私はこれまで何回も、モンゴル国・セレンゲ県トンヘル村のガンフヤク（ガナー母さん）のゲルキャンプで、日本のみなさんにゲルの暮らしを体験していただく企画を実施してきました。

左から３人目がガンフヤク（ガナー母さん）

ガナー母さんは、５万本の松の木を植樹したモンゴルの国民的英雄です。ロシアで出版されたロシア語版の私の「住育の家」の小冊子を読んで感動され、日本まで「住育の家」を見学に来られました。その後、日本にいる息子バヤンムンフ君の通訳で、トンヘル村の村長だったラドナー父さんも見学に来られ、ほんとうの家族のような関係が深まり、ずっと続いています。

2015年には、ガナー母さんの主催で、モンゴルの文部省・環境省の後援のもとに、ウランバートルの子ども会館で松岡紀雄教授と私の「住育の家」の講演会を開き、500人のモンゴルのみなさんが聞いてくださいました。このとき、日本からツアーに同行されたみなさんも、モンゴルのファンになられました。

このゲルキャンプで、家族学の権威であるナムジル博士、プレブスレン教授、トウフシン・トゥクス教授らと出会わせてもらい、そこから「モンゴルの家族学と日本の住育の家づくり合同絆研究プロジェクト」が、ガンフヤク母さん代表で発足しました。

モンゴルから学び、日本で完成した「住育の家」を今度は逆輸出し、モンゴル人の環境と健康を守るために建築しようというプロジェクトが、ＮＰＯ法人モンゴル日本交流協会のザヤサイハンさんに受け継がれて始まっています。25年通い検証したカシミヤを商品化したり、日本の野菜や大豆を植え、豆腐づくり、豆乳づくりまでモンゴルに伝授するプロジェクトもスタートしました。

絆プロジェクトメンバー

「ガナー母さん」のゲルキャンプの様子

◆これからもモンゴルと日本との民間交流にも努めたい

私は新モンゴル学園の高専で、ボランティア授業を続けてきました。当時の高専の理事長、校長先生も、「住育の家」を見学に来られました。大相撲の元横綱日馬富士関がウランバートルに設立した新モンゴル日馬富士校は、小学校から大学まで一貫教育の学校ですが、私は教育ボランティアとして、友人たちと一緒に、日本文化の紹介や国際交流活動をしたいと思っています。

日馬富士理事長とそのお母さん（右）

モンゴルは中国と国土が隣接しているにもかかわらず、新型コロナウイルスでは国内感染者ゼロの国として注目されました。モンゴルは、さまざまな面で世界から注目されていくでしょう。私はこれからも、ＮＰＯ法人モンゴル日本交流協会にも入り、トンヘル村元村長ラドナー氏たちと一緒に、モンゴルと日本との民間交流にも努め、未来に向けた心身ともに健康と「楽しい暮らし」「仲良し家族づくり」も発信し続けたいと思っています。

第5章

マイホームで家族の夢を叶えましょう

―新築・リフォーム大成功の秘訣―

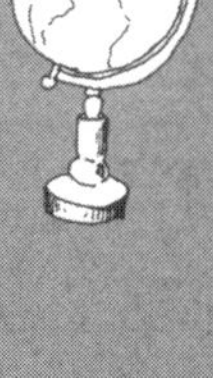

あなたの夢は何ですか？

設計プランニングをするときに、
私たちが一番はじめにお聞きすることがあります。
「あなたの夢は何ですか？」
でも、答えられない方がほとんどでした。
夢や希望、「これがしたい、ああなりたい」
そんな思いは誰でももっているはずです。
子どもの頃や若いときはたくさんあったかもしれません。
だけど、大人になって、結婚して、子どもができて、
仕事や日々の生活の忙しさに追われて、どんどん忘れていってしまうのでしょうか。
心に鍵をかけてしまったのかもしれませんね。

夢マップ、夢シート、夢年表は、鍵のかかった心の扉を開けていく
ポジティブな気持ちをすくいあげていく仕組みです。
また、自分たちの家族を〝丸ごと〟知っていく仕組みでもあります。
自分たちの家族はこんな家族なんだ、こんな夢をもっているんだ、

こんな家に住みたいんだ。
あらためて発見することでしょう。

一人ひとりがまず自分の思いを言葉にしてみましょう。
書くことからはじめましょう。
誰もが簡単に、そしてみんなで楽しみながらできるように
夢マップや夢シートはそんな工夫からはじまりました。

住まいは「夢の実現の場」であるべきだと私たちは考えています。
「夢を叶える」「暮らしを楽しむ」「家族が仲良く」
きっと最高の人生になると確信しています。

「夢は夜、寝て見るものじゃない
　現実に叶えるものだ」

この本がみなさまのお役にたちますように！

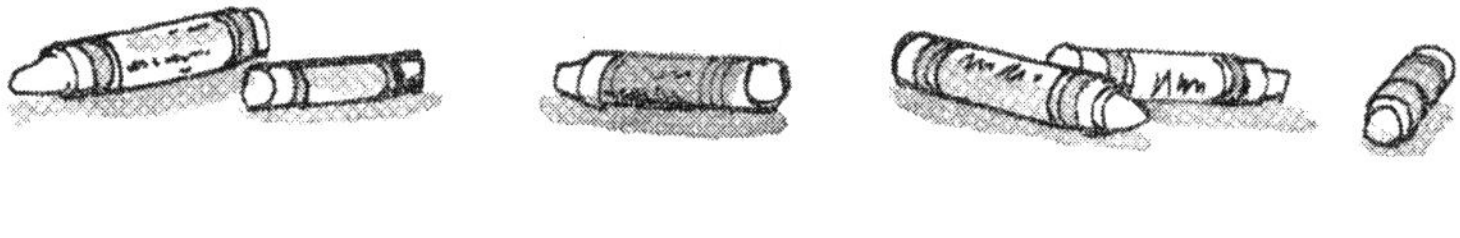

STEP 1　お家と暮らしの「住育」夢マップ

まずは気軽に夢をかくところから

あなたの夢は何ですか？《夢》
3年後、5年後、10年後・・・の家族それぞれ叶えたいこと

お家でお料理教室をしたい！

今困っていることは何ですか？《不満》
今現在、物足りなく満足でない事、困っている事

家が散らかって片付かない

今望んでいることは何ですか？《要望》
現実となるように、強く求めている事

みんなが集まれる明るいリビング

今変えたいことは何ですか？《改善》
今現在、不満や困っている事を良くするための要望

洗濯機の近くに物干し場がほしい

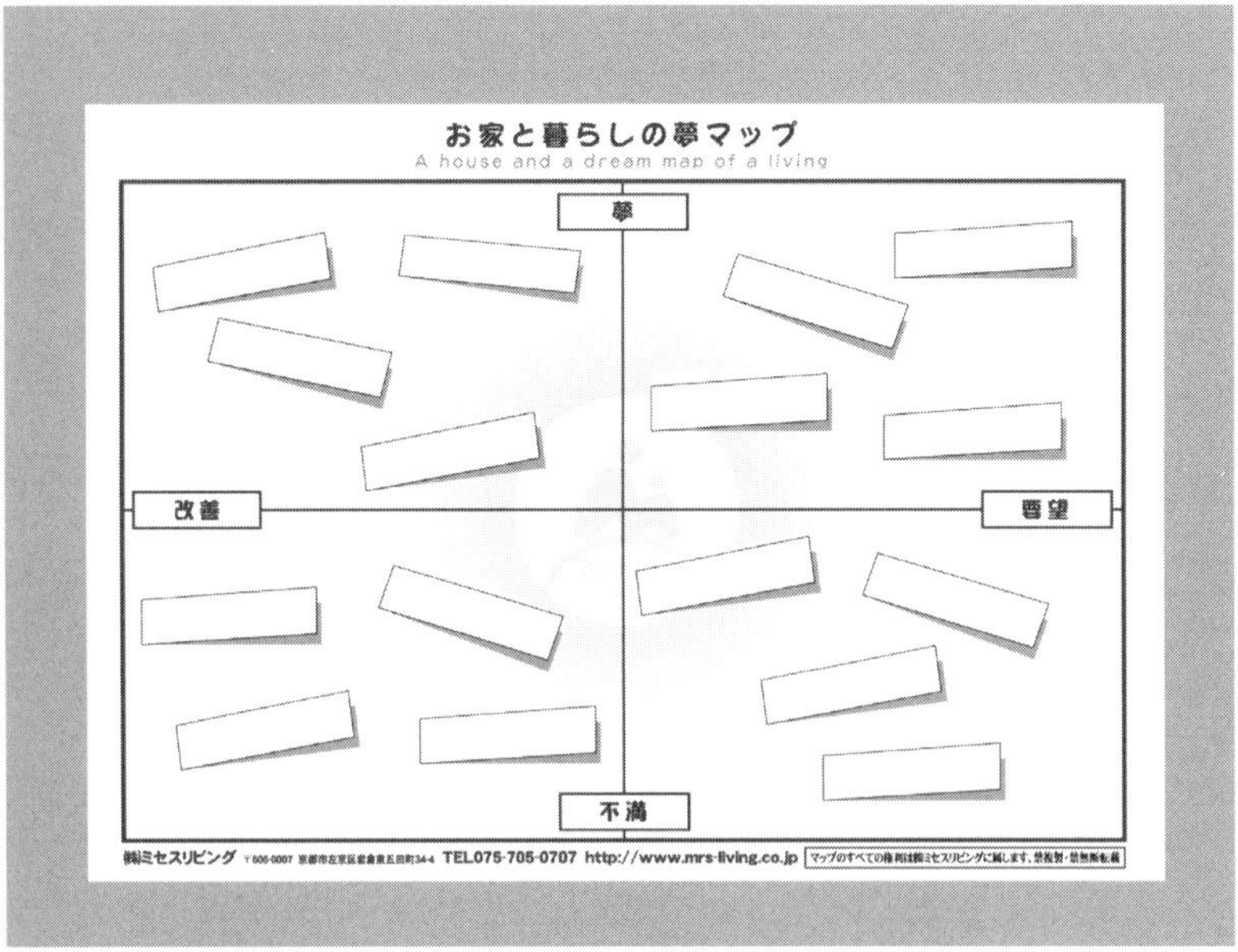

お家と暮らしの「住育」夢マップづくり

用意するもの

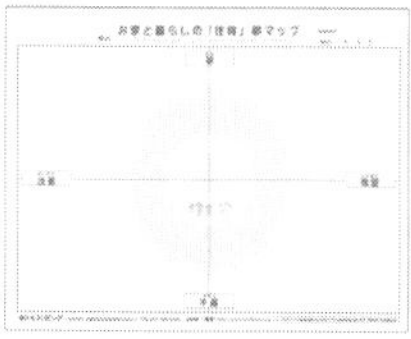

家族の分の色違いのふせん

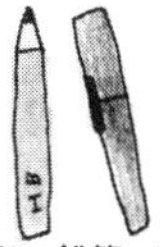

ペン、鉛筆 etc

作り方

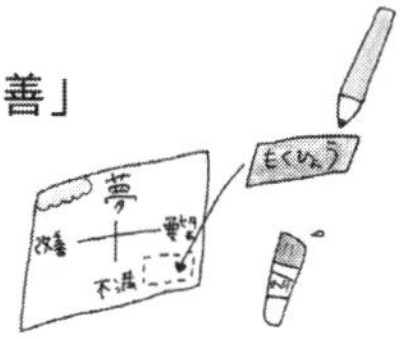

1 1枚の付箋に、1つのキーワード「夢」「不満」「改善」「要望」を書きます。
住まい以外の事もご記入くださいね。
（例えば、ピアノの先生になりたい!
英会話できるようになりたい!など もOK）

2 毎日たった1分。30日で30個の夢や希望を抽出できます。時間を拘束されずに、ご自身や家族みんなの夢や希望がわかるのです。

3 家族みんなが毎日必ず目にする場所に夢マップを貼ります。

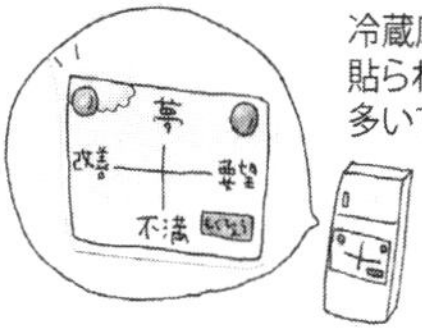

冷蔵庫に貼られる方が多いです。

4 家族一人一人のふせんの色を決めて、それぞれの夢や今やってみたいこと、日ごろ思っていること、家族へのメッセージなどを、思いついたら自由にふせんに書いて貼りましょう。

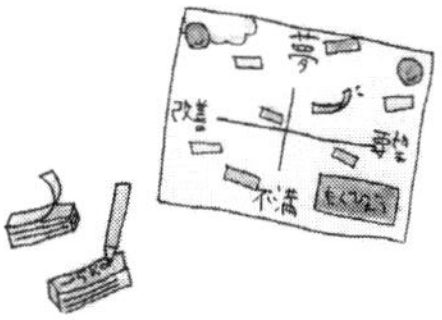

ポイント ふせんはエプロンのポケットに入れておくと便利です!

STEP 2　マイホーム夢シート

マイホーム企画書づくり

家づくりを始める最初は、どんな家するか?よりも
どんな暮らしがしたいのか？ 家族それぞれ夢や希望を
話し合って書き出すことです。
家族のこれからの暮らし方を明確にしてくれます。
家族で話し合いましょう♪

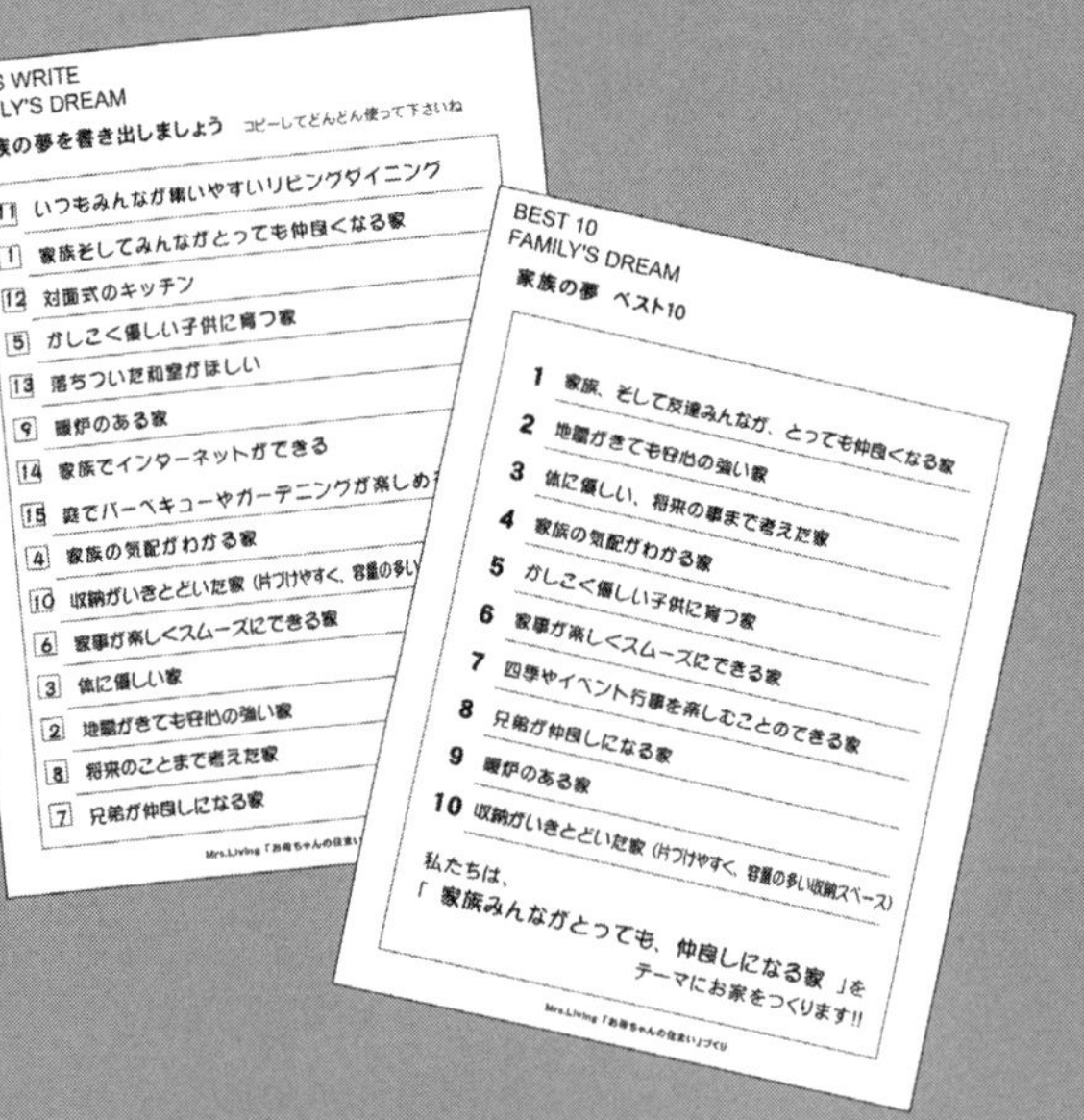
LET'S WRITE
FAMILY'S DREAM
家族の夢を書き出しましょう　コピーしてどんどん使って下さいね

11 いつもみんなが集いやすいリビングダイニング
1 家族そしてみんながとっても仲良くなる家
12 対面式のキッチン
5 かしこく優しい子供に育つ家
13 落ちついた和室がほしい
9 暖炉のある家
14 家族でインターネットができる
15 庭でバーベキューやガーデニングが楽しめ
4 家族の気配がわかる家
10 収納がいきとどいた家（片づけやすく、容量の多い
6 家事が楽しくスムーズにできる家
3 体に優しい家
2 地震がきても安心の強い家
8 将来のことまで考えた家
7 兄弟が仲良しになる家

BEST 10
FAMILY'S DREAM
家族の夢　ベスト10

1 家族、そして友達みんなが、とっても仲良くなる家
2 地震がきても安心の強い家
3 体に優しい、将来の事まで考えた家
4 家族の気配がわかる家
5 かしこく優しい子供に育つ家
6 家事が楽しくスムーズにできる家
7 四季やイベント行事を楽しむことのできる家
8 兄弟が仲良しになる家
9 暖炉のある家
10 収納がいきとどいた家（片づけやすく、容量の多い収納スペース）

私たちは、
「家族みんながとっても、仲良しになる家」を
テーマにお家をつくります!!

Mrs.Living「お母ちゃんの住まい」づくり

マイホーム夢シートのつくり方

用意するもの

紙
家族分準備
（A4くらいがちょうどいい!）

紙
「家族の夢ベスト10」用を1枚準備
（A4くらいがちょうどいい!）

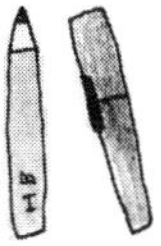

ペン、鉛筆 etc

作り方

1

家族それぞれに渡して、
各自ご自分で書いてください。
お家と暮らしの夢マップで書いた内容を
綺麗にまとめる作業です。

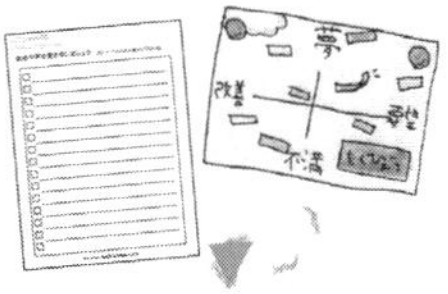

2

①両手を上に上げて、思いっきり伸びをして
②お腹の底から息を吸って吐いて、深呼吸
③フーッと肩の力を抜いて、書いてください。

3

書き出したら、みんなで話し合って、
大切な順番に①②③・・・と順位を記入して
ください。

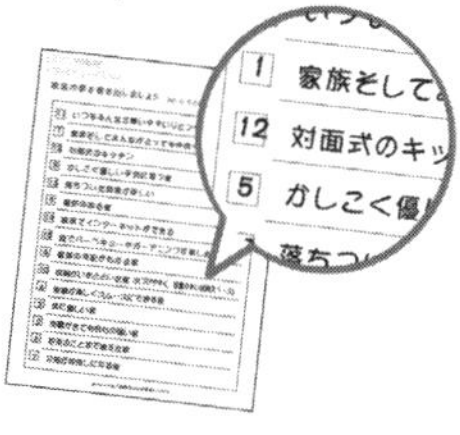

4

最後に、ベスト10を箇条書きにして、
「　　　」の中にお家のテーマを決めましょう。
世界にひとつ、あなたの家族だけの最高の
マイホーム企画書の完成です。

実はこれが、マイホーム大成功の
秘訣なんです。

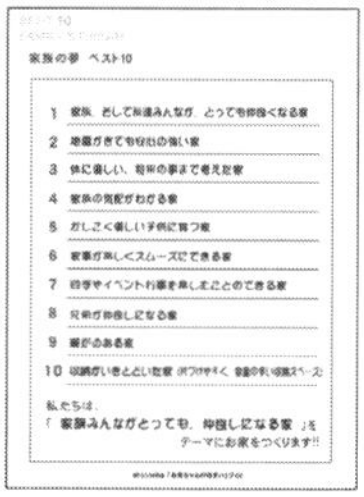

STEP 3　暮らしのイメージシート

イメージをカタチにしてみましょう

夢シートのベスト10、テーマが決まったら
次は夢をもっと具体的に視覚でわかるように、
これからの暮らし、新しい我が家の
イメージをまとめましょう。
ふーっとリラックスして自分が正直に思ったこと
をノートに書き留めたり、貼ったりしてください。
たくさん書いて、たくさん想像してください。
想い描き、イメージをカタチに残すことで、
その夢に向かって体が前向きに進んでいきます。

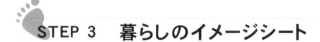

暮らしのイメージシートのつくり方

用意するもの

ノート・紙　新聞紙、雑誌 etc　のり　はさみ　ふせん　鉛筆、ペン etc

作り方

1 暮らしのイメージ(インテリアなど)につながる写真が載っている雑誌や新聞などを集めます。

2 外観・お庭・玄関・リビング・ダイニング・キッチン・トイレ・洗面室・浴室・和室・家事室・寝室・子ども部屋・・・など、写真を雑誌や新聞などから見つけて切り抜きます。

3 切り抜きを部屋ごとに分類してペタペタと、思いのまま自由に貼っていきます。切り抜きの近くにコメントをたくさん添えてください。

4 持っている家具の寸法や、これから購入予定の家具の寸法、価格、ショップなども記入します。

ポイント　貼りながら、夢を叶えたときの自分をしっかりイメージすることが大切!

STEP 4　家族の夢年表

家族の幸せ計画づくり

夢シートやイメージシートがいっぱいになったら、
ぜひ、夢年表を作ってみてください。
表にすると気づかされることがたくさんあります。
家族みんなと一緒にいられる時間だったり、
子どもの成長だったり、
家族に必要なものだったり。
そこから趣味を見つけた夫婦もいますし、
引っ越しを計画した家族もいます。
もちろん、自分の幸せを考えることも大切です。
夢年表は、家族みんなが協力し合って、
目標に向かうことができるので、
思い切って、お母さんの夢を家族に
発表してみてはいかがですか?
夢を持って毎日を過ごすことで、
しんどいと思っていたことも楽しくなりますよ。

夢年表のつくり方

用意するもの

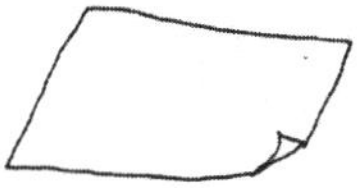

紙
（A3くらいがちょうどいい!）

ふせん

鉛筆、ペン etc

作り方

1 紙にマス目状に線を引き、表を作ります。

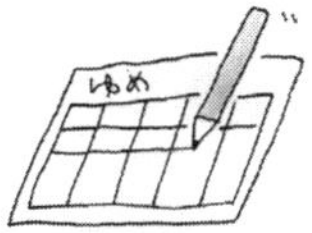

2 縦の欄には西暦と家族みんなの年齢を、
横の欄にはみんなの名前を書き込みます。

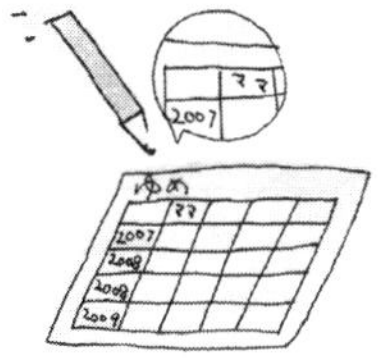

3 家族みんなで、夢や目標などをふせんに
書きます。

4 その夢や目標を書いたふせんを、
家族と話しながら、
叶えたい年齢のところに貼っていきます。

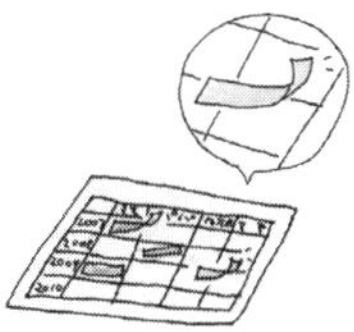

ポイント 家族と夢を話し合うことが大切!

STEP 5　家族の夢ファイルをつくりましょう

全ての用紙をクリアファイルに保管して
リビングやみんながいつも手にして
見れるような場所に置きましょう。
住まいづくりだけでなく、家族会議にも大いに役立てて
大切に扱いましょう♪

家族の夢ファイル

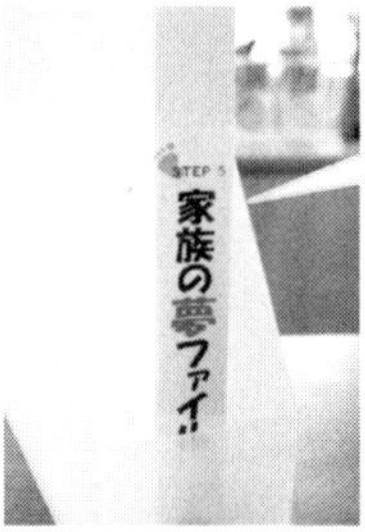

つくり方は、とっても簡単!
クリアファイルの背表紙に、「家族の夢ファイル」と書いて
出来上がった夢シートやイメージシート・夢年表を入れるだけです。

POINT は「保管場所にあり!」

我が家は、
ダイニングボードの上に
置いています。

出来るだけ、繰り返し見て、そして夢も追加して下さいね。

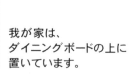

STEP 6 夢ファイルが完成したら即、行動!

**夢ファイルを持って 見学に行こう ！
私たちや、建築のプロに
出会いに行きましょう ！**

夢ファイルが完成したということは、つまり、自分たちのしたい暮らし・夢・イメージ・また将来の住まいについても明確になったこと。
いよいよ・・・本格的な活動開始です。
全国にある「住育の家」のオープンハウスや、セミナーに参加しましょう。
（株）ミセスリビングにお問い合せください。

そして、出来るだけ、友人知人にお願いして、1軒でも多くのお家
実際の暮らしを見せていただくのが、良いと思います。
なぜなら・・・見せるだけのショールームや展示場と、実際に暮らす家とでは、
全く条件が異なるからです。

**だから、私たちは、ずーっと前から
自分たちの暮らし・自宅をオープンハウス（公開）しています。**

＝＝＝＝＝＝＝＝＝＝＝＝＝＝＝＝＝＝＝＝＝＝＝＝＝＝＝＝＝＝＝＝＝＝＝＝

＊この章は、著者の長女・片山友見さんのご協力で作成されました。

片山 友見（旧姓 宇津﨑）
一般社団法人日本住育協会理事長、暮らしデザイン代表
人生 100 年時代、高齢者から若者まで、全ての女性に活躍の場があり、最後まで元気に活躍し続けられる社会になるために、家族が協力する仕組み「ホームオフィス」、家づくり・企画プランニング・講演・セミナー・相談に当たる。著書に『妻がオカン化する理由　旦那が息子化する理由』（日本・台湾でも出版）、『大丈夫だよお母さん』他。2020 年ホームオフィスの作り方の書籍出版予定。
●暮らし心理学（ホームオフィス）https://k-home.biz/
●一般社団法人日本住育協会（住育アドバイザー養成講座）　https://jyuiku.net/
●住育コミュニティ　http://www.jyuiku.jp/
●大丈夫だよお母さん　kurashi-sumai.net

＝＝＝＝＝＝＝＝＝＝＝＝＝＝＝＝＝＝＝＝＝＝＝＝＝＝＝＝＝＝＝＝＝＝＝＝

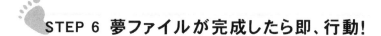

◆「住育の家」見学お申し込み・お問い合わせは◆

株式会社ミセスリビング

〒606 − 0007　京都市左京区岩倉東五反田町 34-1

TEL：075-705-0707　FAX：075-705-0808

URL：http：//www.mrs-living.co.jp/

mail：info@mrs-living.co.jp

　　　mitsuyo@mrs-living.co.jp

ホームページ

「住育」の動画

全国のおすすめ「住育の家」相談室

北海道札幌市「住育の家」相談室、福田令子
青森県八戸市「住育の家」相談室、佐々木留美子
群馬県桐生市「住育の家」相談室、高橋由美子
京都府「住育の家」相談室、井上敦子
京都市「住育の家」相談室、原田ゆうこ
岡山県「住育の家」相談室、橋本美和子
福岡県「住育の家」相談室、枇杷和美
宮崎県ミセスリビング「住育の家」相談室、江原トネ子
滋賀県「住育の家」相談室、小泉ひとみ
京都府「住育の家」相談室、楠生道代
京都府「住育の家」相談室、松井真理

＊ご連絡は、上記のミセスリビングを通してください。
＊見学できる「住育の家」はこの他にも、北海道から沖縄まであますので、ご確認ください。

★コラム④★

安全安心な「住育の家」でも不注意は危険！ さらに改善!!

「住育の家」を完成させて 19 年目のこと。安全·安心、自信を持ってつくった「住育の家」で、起こしてはいけない事故を起こしてしまいました！

2019 年 11 月 23 日土曜の朝、いつものように 2 階のベッドで目覚め、6 時 25 分の NHK のラジオ体操をしようと、トン、トン、トンと階段を下り、あと 3 段で着地、というとき、「アッ！！！」

一瞬、何が起きたかわかりませんでした。そのあとの記憶がなく、気がついたら玄関の土間で四つん這いになっていました。

幸いなことに携帯がすぐ横に落ちていたので、隣家の娘に電話。婿も手伝ってくれ、とにかくリビングへ移動。死ぬほど痛い経験！　すぐに「救急車！」と言われたのに、「待って！　朝早くて近所に迷惑がかかる。どうせ捻挫やと思うから様子を見る」と、しなくてもいいガマン。

結局、痛みは治まらず、夜になると怖くなってきて、ついに救急車を呼ぶ羽目に。救急隊員さんから「すぐに呼んでください！」と怒られました。

大腿骨骨折……。即、手術のところ、土・日のため月曜日にようやく主治医が決まり、火曜日に手術。20 センチのボルトが 1 本、補助が 2 本、入りました。一生このままだそうです。

手術の翌日から、足首を曲げることから、装具をつけてリハビリがスタート。規則正しい患者生活が始まりました！　しかしこうなると本領発揮、入院生活から学ぶいい機会と切り換えました。食事のトレーには「完食しました！ありがとう、おいしかった」とメッセージを添えてみたり、まわりの患者さん、お掃除の人たち、配膳の人たちとも仲良くなり、にわか悩み相談室を開設したり……。病院には認知症のお年寄りがおられ、看護師さんたちの苦労を目の当たりにし、家に帰れずに入院を継続せざるを得ない患者さんがいかに多いか、びっくりしました。

リハビリは順調に進み、1 か月後には退院したくなって、先生にお願いしましたが、家族は大反対！「家に帰ったら一人でどうやって生活するの？」。

でも私は「住育の家だから、やれる！」それだけは自信がありました。病院内では車椅子でしたが、帰りたい一心で、退院するときは杖をついて歩行できるまでに回復しました。「住育の家」だから、帰ってくることができたのです！

不自由な身体ながら、退院後も家で一人で生活することができました。バリアフリーで段差がない、廊下がない、ゆっくり歩きができる、お風呂の立ち上がりが 40 センチでまたげる（これはかつて足が 1 センチしか上がらなかった亡き母が、自分で浴槽に入って見せてくれていました）。

ですが、自ら障害をもってみて、本格的な老後に向けてここは改善してたほうがいいなと、実際に経験してわかることもたくさんありました。

杖をついて散歩

玄関のドアは一人ではどうにも開けることができませんでした。お風呂場の鏡の両サイドの手すりは、もう少し幅を狭くしないと、座った状態から立ち上がりにくいのです。さてどうするか？

これからも一つひとつ、自分が老いたときのシミュレーションと、実験、検証、研究が続きます！

いまではもう、びっくりされるぐらい元気になりましたよ！

でも、みなさんも、家のなかの事故は一瞬です。どうかお気をつけください！ この経験を必ず、人生 100 年時代に役に立てるようにがんばります！

第6章

住まいづくりで
コロナ禍の不安社会に
希望をひらく

1、「お母ちゃんの住まい」誕生から「住育の家」へ

――二〇年目の賛歌

今野　由梨（ダイヤル・サービス株式会社代表取締役社長）

「住育の家」、二〇周年記念本の出版、おめでとうございます。

いまから二〇年前の西暦二〇〇〇年、京都市左京区に「お母ちゃんの住まい」が誕生し、記念すべき第一号の本の出版にあたって、巻頭にお祝いの言葉を贈らせていただいたことを、昨日のことのように思い出します。

当時、宇津崎さんから「お母ちゃんの住まい」のことは聞いてはいましたが、実際に自分の目で見て体験させていただきたいと、ある日、京都の女性起業家たちが大勢集まっておられるところにお伺いしました。一六坪の家のリビングで、二〇人近い方々が、手作りのお料理をところ狭しと並べて楽しい宴のまっ最中でした。

玄関から入り、するすると引き戸を開けると、トイレ、バスルーム、キッチンがつながってしまう不思議な設計のせいか、狭さを感じませんでした。何より、木材や石、紙などの天然素材がふんだんに使われているせいか、家全体がやさしく呼吸しているような感じで、私自身もホッと和らいでいくように

感じられました。

その後、京都を訪れた際に何度も泊めていただいたのですが、いつも自宅以上に安眠、快眠できたのでした。

健康管理には人が住む環境を考える必要があることを、宇津崎さんは早くから取り入れておられたのです。


あれから二〇年が経って、「お母ちゃんの住まい」はその後、「住育の家」へと大きく発展し、全国にたくさん増えた「住育の家」に住むご家族の方々の幸せづくりに貢献し続けておられます。

家族がお互いの息づかいを感じながら、仲良く、幸せに、健康に暮らしていけるように、そこに住まう人、訪れる人たちをやさしく癒やしてくれますように――。そんなお母ちゃんの願いが結実した「住育の家」。


愛ある家に住まうよろこびを、多くの方たちと分かち合いたいと、これからも「住育の家」サポーターの一人として応援させていただきたいと思います。

私はあと五〇年はがんばるつもりですから、宇津崎さんも、「住育の家」と共にどうかますますお元気でご活躍をお続けください。

20 年前から宿泊しています

==================================

今野 由梨（こんの・ゆり）

1936 年三重県生まれ。津田塾大学英文学科卒業。様々な仕事を経験後、1969 年ダイヤル・サービス株式会社を設立、日本初の電話育児相談サービス「赤ちゃん 110 番」を開設。1979 年に株式会社生活科学研究所を設立、所長就任。1979 年女性だけのシンクタンク（株）生活科学研究所を設立。1992 年女性のオピニオンリーダーの会「ウィメン・リーダーズ・フォーラム・ジャパン（WLF）」主宰。1993 年（財）21 世紀日本委員会理事長就任。1998 年「世界優秀女性起業家賞」受賞。2007 年日本初女性ニュービジネスベンチャー ベンチャーの母として「旭日中綬章」受賞。

主な著書に、『女性が会社をつくるとき―私たちにも翔べた』（東洋経済新報社）、『ベンチャーに生きる―私のチャレンジ半生記』（日本経済新聞社）、『女の選択』（NHK 出版）、『だいじょうぶ』（ダイアモンド社）など。

==================================

2、新しい時代の女性リーダー・宇津﨑光代さんにエール！

河地　妙美（国際ロータリー二六五〇地区
日本ロータリーEクラブ二六五〇会長）

人間には、誰でも人生における大きな転機があると言います。それは、私の場合は、ドイツからの帰国でした。

一〇数年も前のことですが、ただ〝ドイツ帰り〟ということで知り合ったばかりのある環境専門家に紹介されて、宇津﨑邸を訪れることになりました。「スゴイ方ですよ」と聞いておりましたので、あえてご職業なども問わずに、ただただ久しぶりの日本人のお宅訪問に、少し緊張していたことを覚えています。

比類なき居心地よさ！　この家の女主人はどんな人？

その日の私にとって、玄関を一歩踏み入れたその瞬間が、すべての始まりとなりました。その少しあとに、宇津﨑光代さんのお人柄やスゴイ人の真髄を思い知ることになったのですが、ていねいなご挨拶をした記憶はなく、まずはエトランゼ。見ず知らずの私を抱擁するかのように迎え入れてくれた宇津﨑邸、つまり「お母ちゃんの家」と呼ばれるお宅に不思議な魅力を感じて、その強烈な印象が、後々までもその特別な日の思い出となっています。

そこには何者も拒まず、ドイツ風に表現すれば魂を解放する自由な空気が漂っているとでも言えばよいのでしょうか、なにか名状しがたい人間主義の薫りを感じて心が動きました。正面には、大きな白百合の花がたっぷりとガラスの花瓶に挿されていてルネサンスの名画のようで、その時思わず、女主人はこのような方なのだと納得しました。しかも背景には、ウィリアム・モリスの柳柄のカーテンがさりげなく広がり、配慮の効いた控えめな美しさは、これも女主人の放つエスプリかなと腑に落ち、お話をする前に私はすでに、これほどていねいに暮らし、生きている人はどのような方だろうかと好奇心に囚われました。

住まいには、住人の人生観や世界観が表れると言い、実際私もそのように考えています。そんな目でお母ちゃんの家を見直してみると、とんでもなく興味深く、またその比類のない居心地の良さは、専門的な見地からも科学的に合理性が証明され、熟慮された、実に計算が行き届いたものであることを教えていただきました。

これほど、お母ちゃんの幸せを考えている人はいない！

女主人である建築家の宇津崎光代さんは、のちに知ったのですが、元教師だったのです。常に探求心旺盛で、これほど人、つまりお母ちゃんの幸せを第一に考える人が他にいるだろうかと驚くほど、改善すること、育てること、可能性を見つけることなどなどに余念がなく、正しく教師としての真骨頂だと敬服しています。だからこそ、出会いから間もなくして、「NPO法人次世代の家と社会をつくる会」を共に発足し、しばしばモスクワ—京都を往来し、教育や環境、経済開発をテーマに国際フォーラムを開催しました。諸々すべては、遠く懐かしい出来事です。

その後、宇津﨑邸、お母ちゃんの家から生まれた「住育の家」には、一万人を超えるお客様が訪れ、全国世界にファンがおられると聞いております。二〇年の歳月にわたり、ゆるぎない信念と行動力によって、今では「住育の家」を普遍的な価値に高められた功績は誰もが絶賛するものです。今後とも社会の課題と向き合い、人々の声を聴き、日本そして世界の一人でも多くの人たちを「住育の家」で幸せにしてください。親子で良いお仕事を続けられますことを願います。

先日、一〇年を経て住育の家で宇津﨑さんと再会いたしました。

思いがけず二〇二〇年は歴史的なパンデミックに見舞われる不穏な年明けとなりましたが、世界を見渡せば、この難事に臨む女性リーダーたちの手腕が際立ち、新しい時代の到来を予感いたします。

より良い世界のために、ひとりの女性リーダーとして宇津﨑光代さんの未来に心から祝福を送りたいと思います。

＝＝＝＝＝＝＝＝＝＝＝＝＝＝＝＝＝＝＝＝＝＝＝＝＝＝＝＝＝＝＝＝＝＝＝＝＝＝＝

河地 妙美（かわち・たえみ）

京都生まれ。日本ペンクラブ会員（1986－）旧ブルガリア女流作家同盟会員。イタリア、ギリシャ、スペイン各国の政府機関にて広報官（スポークスパーソン）を務める。地中海文化研究家として出版、寄稿、講演、及びドキュメンタリー映像制作に携わり、ヨーロッパと地中海沿岸諸国を中心に活動する。テーマは、Art de Vivre.（アールドヴィーヴル—暮らしの芸術・生き方のアート）。帰国後、京都在住。アトリエK主宰、国際ロータリー入会。

＝＝＝＝＝＝＝＝＝＝＝＝＝＝＝＝＝＝＝＝＝＝＝＝＝＝＝＝＝＝＝＝＝＝＝＝＝＝＝

3、「つくり手」と「住まい手」がいてこその住宅

――松田妙子さんと宇津﨑光代さんをつなぐ物語

阿部　常夫（工務店経営・介護建築研究所）

引き合わせたい二人

一九八〇年頃、私は全国工務店経営研修を主宰しておられた松田妙子先生を知りました。

（財）住宅産業研修財団は、松田先生が設立された財団で日本の住宅建築に携わる全国の工務店のレベルアップを目的に、いまも研修活動を続けています。

研修会場で初めて見かけた松田妙子先生は、すごく美しい方でとにかくものごとをはっきりと言う、聡明な女性、という印象でした。それ以来、長いおつきあいをさせていただきました。

そのずっと後に、とある仕事で宇津﨑さんと出会ったとき、

阿倍常夫さん（左）、亡き松田妙子さんと共に

松田妙子先生の「家を建てて子を失う」という持論と、宇津崎さんの「住育の家」の考え方は近いな、「基本的な理念が同じだな」、と直感で強く感じました。それぞれ東京と京都をベースに発信して地域差はありますが、二人の主張はとてもよく似ていると思いました。そこで松田先生に「会わせたい人がいる」と説明し、話をしたら「いいわよ」ということだったので、宇津崎さんを連れて、松田先生のオフィスを訪ねました。

内心、とても心配だったのは、松田先生はそもそも女性には厳しい方で、利発な女性をよしとしていた気がします。おそらく男社会、男性中心の建築業界のなかで、相当、苦労してこられ、女性の地位向上の必要性を訴えたかったのだと思います。宇津崎さんも同様のご苦労をされており、体感的に響き合うものがあったのか、初対面でお二人はすぐに親しくなられたのには驚きました。

住宅の「つくり手」と「住まい手」

日本の従来の住宅のあり方というのは、畳があって、襖《ふすま》があって、どこの家でも冠婚葬祭を自宅でやる、日本の伝統文化と家族の絆を支えるものだったのですが、それが近代化、合理化や経済性の重視で家を建てるようになった結果、深刻な家族崩壊の問題が現れてきた、と私は思っています。

つまり近代化・合理化で、日本の住宅のつくり方の大切な部分が省かれてしまったとき、そこで暮らす家族のあり方も省かれてしまったのです。それを取り戻そうと思ったら、家の「つくり方」と「住まい方」、両方を元に戻していく必要があると思っています。

松田先生はどちらかというと工務店を教育する仕事です。それに対して宇津崎さんはつくり手の立場も踏まえながらユーザーを教育されてこられました。私にはそんなふうに見えます。

だから松田先生がいなくなったいま、宇津崎さんに要望したいことは、「住育の家」の理想を工務店を巻き込んで「つくり手」「住まい手」に大きく広めてほしい。二人の娘さんも松田妙子さんの依頼で面接を受けられ、ご自宅まで行かれたりもしています。いまこそ親子三人で「住育の家」の思想・考え方を住まい手とつくり手の両方に行き渡らせてほしいのです。

家を建てて家族を育てよう！

いま、建築業界では、伝統的な日本の建築のしきたりや、建て主と棟梁、職人さんとのかかわりなどがどんどん薄れていき、職人不足で、ますますしっかりとした家が建てられない時代となっています。地域の大工さん、工務店さん、職人さんなどの、つくり手に対して「家はこうあるべき」という考え方の教育を重視してほしいのです。

各地方によって違う温度湿度や気候風土、家に対する考え方。宗教や習慣も異なります。それがわかるネットワークづくり、地域や地元に根ざした大工さん、工務店さん、職人さんを大事に育てないといい家は建ちません。

住宅メーカーはいくら言っても聞く耳を持ちません。彼らにとって住宅とは、「家族が暮らす家」ではなく、利益の対象、金儲けのための「商品」になっているからです。

「家を建てて子を失う」と言った松田先生が亡きいま、その継承者として「家を建てて家族を育てる」宇津﨑さんに、「住育の家」を発展させてもらいたい。宇津﨑さん親子には、これからも松田先生が人生をかけて住宅づくりをやってきたことを受け継いで、地域・地元に根ざした工務店、職人さんと共にがんばってほしいと思っています。自分たちも大いに応援していきたいと思っています。

2人の娘と孫も先生のご自宅を訪問

==================================

松田 妙子（まつだ・たえこ）

1927年－2019年。工学博士、元東京都公安委員、実業家として、株式会社コスモ・ピーアール、日本ホームズ株式会社と、住宅産業研修財団、大工育成塾などを設立。日本に2×4工法を紹介するなど、長年、日本の住宅産業の育成にかかわり、その発展に大きく貢献した。しかし戦後の建売住宅中心の住宅普及の反省から、『家をつくって子を失う』（住宅産業研修財団）を著し、よい住まいとは「家族の幸せの容れもの」であり「人格形成の場」である、と訴え続けた。また工務店をはじめとする住宅産業に携わる人を対象とした「経営研修事業」に力を入れ、生涯、日本の住宅の品質を向上させるための技術・技能の向上に尽力した。

==================================

4、「住育の家」にかける壮大な夢
——少子化日本再生の突破口に

松岡　紀雄（神奈川大学名誉教授）

「住育」は日本再生の突破口！

「住育」は日本再生の突破口——前著『幸せが舞い降りる「住育の家」』に寄せた私の一文のタイトルである。大げさな、と笑われる方もいたかもしれないが、その思いは深まりこそすれ失せてはいない。

前著の刊行は二〇一一年の三月末、あの東日本大震災の直後であった。その前月に横浜キャンパスのホールで開いた私の最終講義には、宇津﨑さん親子三人が揃って京都から駆けつけ、四五〇人の来聴者を迎えるべく、あの赤いエプロン姿で受付にも立ってくださった。

「松下幸之助から学びて、いま思う日本の行く末」と題する最終講義（動画をYouTubeに公開中）で、日本社会が直面する最大の課題として私が取り上げたのは、余りにも急激な少子化の進展であった。

敗戦直後には二七〇万人近くにも達した年間の出生数は、第二次ベビーブームと呼ばれた一九七二年に二〇九万人を記録したのを最後に減少し続け、最終講義の前年、二〇一〇年には半数近い一〇七万人となった。それが、わずか九年後の昨年、二〇一九年には八六万四千人にまで落ち込んでしまったのである。

この数字を前にした安倍晋三首相は、「国難だ、しっかりとがんばらなければならない」と語ったと伝えられるが、どうしてこれほどまでに日本の社会に子どもが生まれてこなくなったのであろうか。

二〇代の半ばから、アメリカPHP研究所の初代代表や英文国際版PHP誌編集長などとして松下幸之助翁に身近に仕えた私は、何か難題に直面するたびに、松下さんならどう言われるだろうかと考える。

「君な、毎日の新聞やテレビを見たら、お腹の中の赤ちゃんはどう思うやろな。幼児虐待やDV、子育て放棄、離婚や家庭崩壊、いじめや学級崩壊……、こんな話ばかり聞かされたら、君、生まれてきたいなんて思わへんわな」と、柔和な関西弁で言われるに違いない。

子どもの幸福度ランキング

ユニセフ（国際連合児童基金）が毎年先進諸国の「子どもの幸福度ランキング」を発表している。オランダが「幸福感」で一位、「孤独感」で最下位となっているのに対し、日本の子どもたちの「孤独感」はダントツの一位を続けている。「生まれてこなければよかった」という子どもたちが多いとすれば、これほど嘆かわしいことはない。

われわれがまず取り組むべきは、子どもたちが「生まれてきたい、生まれてきてほんとうによかった」

と、そう思える社会環境を整えることであろう。生まれてきた赤ちゃんが最初に出会う社会環境が、家族であり住まいであることは言うまでもない。

ここまで考えたとき、私の頭にいちばんに思い浮かぶのは、他ならぬ宇津崎さん親子が提唱し、懸命に取り組む「住育の家」である。

冒頭に述べた「日本の再生」には、少子化をくい止めることと並んで、生まれてきた子どもたち一人ひとりに、それぞれの個性を存分に発揮して活躍してもらうことが肝要である。松下さんは、「住まいは人間形成の道場」という言葉を遺しているが、子どもたちが伸び伸びと成長していく可能性を、「住育の家」に強く感じるのである。

住育の家の二〇年

宇津﨑さんの口から初めて「住育」という言葉を耳にしたのは、二〇〇八年六月のことであった。深く共感するところのあった私は、それ以来京都の元祖「住育の家」を訪ねて何度も宿泊体験をした。京都や東京、横浜、盛岡、宮崎県の延岡市、さらに私の生まれ故郷でもある松山で開かれた「住育コミュニティ」に出かけ、宇津﨑さんと一緒に「住育」への理解を訴えた。平塚の大学キャンパスに地域の皆さんも招いて、長女の友見さんと一緒に講演をしてもらったこともある。有識者を交えて東京で「住育研究会」も開いた。各地の「住育の家」を訪ね、そこで実際に暮らすご家族の生の声にも耳を傾けた。

「幸せ家族づくりの住育の原点は遊牧民のゲルから学んだ」という宇津﨑さんの要請を受け、

二〇〇九年の連休には妻を伴ってモンゴルにまで出かけ、大平原のゲルで暮らす遊牧民家族の生活ぶりを見学し、実際にゲルでの宿泊体験もした。首都のウランバートルでは大がかりな講演会を開催し、多くの人々の共感を実感することもできた。

住育に対する私の期待を確かめるべく、公益財団法人さわやか福祉財団の堀田力会長にも元祖「住育の家」を訪問していただいたり、元宮城県知事で公益社団法人日本フィランソロピー協会の浅野史郎会長にも実際に宿泊体験をしていただいたりもした。

元祖「住育の家」が誕生して二〇年、間取りや家具の配置、建築素材の選び方が家族の健康や幸せに深くかかわると訴える宇津崎光代さんの呼びかけで、「住育の家」は文字通り北海道から沖縄まで全国に広がり、その数は五〇〇軒を超えたという。そこで生活する住育家族は優に二〇〇〇人を超えているに違いない。

「変な人」、宇津崎さん

私の最終講義でも述べたことだが、歴史を振り返って卓越した先見性と勇気を持って社会の難題に挑み時代を切り開いてきたのは、私が心からの尊敬の念を込めて呼ぶ「変な人」である。新幹線の生みの親十河信二さんや、私自身半世紀近いご縁のあった、ねむの木学園創設者の宮城まり子さんらの名をあげた。「住育の家」を提唱する宇津崎光代さんも、こうしたお二人にもひけをとらない「変な人」である。

結婚が契機だったとはいえ天職と思った教職を離れて住宅建設の世界に入り、夫の死後莫大な借金にもめげず「幸せ家族を世界に広げたい」と打ち込んできた。あきれるほどに重いカバンを引っ張り、赤いエプロン姿で痛い脚を引きずり、昨日は北海道、今日は東京、明日は長野、岡山、沖縄と、文字通り全国各地を飛び回っている。前述のモンゴルを訪れた回数も、二五年間に五〇回を超え、昨年からはモンゴルの家族学の権威ナムジル博士と、プレブスレン教授との共同研究までスタートさせた。

自宅でもある元祖「住育の家」に、これまで一万人もの見学者を迎えたばかりではない。

高層マンション生活の問題点を探り、改善策を見いだしたいと、自ら人体実験と称して一年半に及ぶ慣れない都内のマンション生活までしてきた（コラム①41ページ参照）。「変な人」の面目躍如《めんもくやくじょ》である。

住育の家で育った子どもたちが、世界の平和に向かって次の時代をつくる！

最近の私は、もっぱらフェイスブックへの投稿で宇津﨑さん親子の行動や思いを知る立場だが、この「住育の家」がまさしく次の時代に大きく花開こうとしているように感じられてならない。

長女の友見さん、次女のせつ子さんの目を見張る活躍もさることながら、まだ高校生や幼いお孫さんまで実に頼もしい。加えて、驚くのは、全国各地の「住育の家」で育った子どもさんたちの中から、自ら体験してきたこの素晴らしい「住育の家」を日本のみならず世界に広げたいという、なんとも力強い声が上がっていることである。

環境保護活動で世界を目覚めさせたのはスウェーデンの一六歳の少女グレタ・トゥーンベリさんだ

が、幸せ家族づくりから、真の世界の平和に向かって、文字通り国際社会をリードする、第二、第三のグレタさんが、各地の「住育の家」から生まれてきても不思議ではない。

私の夢は、限りなく大きく膨らんでいく。

松岡紀雄教授最終講義で。著者、松岡さん、せつ子さん、友見さん

====================================

松岡 紀雄（まつおか・のりお）

神奈川大学名誉教授。1940 年愛媛県松山市生まれ。64 年京都大学法学部卒業、松下電器産業（現パナソニック）入社後、ＰＨＰ研究所に出向。アメリカＰＨＰ研究所初代代表や英文国際版ＰＨＰ編集長等として、松下幸之助氏の薫陶を受ける。80 年（財）経済広報センターに出向、英文国際比較統計集『Japan 1980』シリーズの編纂など海外広報の第一線で活躍、「海外広報の伝道師」と呼ばれる。87 年より神奈川大学経営学部の創設に関わり、経営学部及び同大学院教授。著書『企業市民の時代』等を通じて、「日本企業よ、よき企業市民たれ」と訴える。かながわボランタリー活動推進基金 21 審査会長や、（公財）さわやか福祉財団評議員、（公社）日本フィランソロピー協会理事、（公財）公益法人協会理事、（一社）全国信用金庫協会監事などを歴任。YouTube で「最終講義ー松下幸之助から学びて、いま思う日本の行く末」他 20 余の講演を公開中。

====================================

★コラム⑤★

「住育コミュニティ」、それは二人の大学生から始まった

2006年、近畿大学の雑賀浩司君から会社に電話がありました。彼は大学で地域コミュニティや、地域の活性化について学んでおり、インターネットで「住育の家」のことを知り、さらに詳しく学びたい、ということでした。忙しい時期でしたが、その熱心さに負けました。

何度かのメールのやりとりのあと、「住育の家」を訪ねてきた雑賀君。〝地域活性化のカギは「住育の家」だ！〟と感じた彼は、友人の三浦崇史君を誘い、二人で訪ねてくるようになり、二人が主催して大阪で「住育の家づくり」講演会をやる！　とがんばってくれました。会場にはたくさんの学生さんが集まってくれ、これをきっかけに2007年、第1回「住育コミュニティ」が開催され、「住育コミュニティ」がスタートしたのです。

同じ年に、学生団体夢プロジェクトの協力で第2回「住育コミュニティ奈良」、第3回「住育コミュニティ神戸」が開かれ、長野県では建築会社の主催で、国会議員を呼んだ大イベント「住育コミュニティ長野」が開催され、大阪からも学生代表の二人が参加してくれました。

2008年、大学生が住育コミュニティの軌跡を冊子にまとめました。NPOの理事でもある成基学園グループがスポンサー企業になってくださり、京都三条ラジオカフェFM79・7ジャングルで、「住育コミュニティ番組」を一年間にわたって電波発信させていただきました。

名付け親の大学生も今はお父さんで、
子ども連れで我が「住育の家」に来てくれます。

同じ年の2月には、高知県の大学生、井上君が大学に申請して、

住育コミュニティ in 東京 2014

高知大学主催で「住育コミュニティ高知」が実現。5 月には、小学校の先生方が九州大学と実行員会をつくって「住育コミュニティ福岡」を開催。そこに参加していたお母さんが共感して、大分県の日田コミュニティで「住育コミュニティ大分」が開催されました。

その後、全国各地で連鎖的にコミュニティが開催されるようになりました。工務店さんが主催して岩手で、お母さんたちが主催して宮崎で、お父さんたちが主催して明石で、お兄さんたちが主催して熊本で……。2009 年からは 3 年連続して京都で開催されました。

小学校の授業や大学の講義でも多く取り上げられるようになり、2009 年には神奈川大学松岡紀雄教授の「住育」の講義のあと、ゼミ主催で「住育コミュニティ in 神奈川」が、2012 年には盛岡大学短期大学の大塚教授が 6 年間の住育の授業の総まとめとして「住育コミュニティ in 盛岡」が 500 名で開催されました。

2013 年には、新宿で住育コミュニティ設立 10 周年記念の「住育コミュニティ in 東京 2013」が開かれ、2014 年には品川、2015 年は岡山、金沢で開催。第 21 回「住育コミュニティ in 京都」は、ミセスリビング創立 30 周年と共催で国立京都国際会館で行われ、京都大学の山極総長に基調講演をしていただきました。

その後も、主催はミセスリビングから一般社団法人日本住育協会に移行し、講演やシンポジウム、参加者の交流の場として、全国各地で開催されています。

＊「コミュニティー新聞」資料を参照（186 頁〜）

~今こそ深めよう~ 家族の絆・社会の絆

日本を変える！「住育の家」全国に発信

住育コミュニティ設立10周年記念企画 住育コミュニティ in 東京

「住育」は日本再生の突破口!!

松岡紀雄氏
神奈川大学名誉教授

記念講演「住育ってなあに？」

現在、人類社会全体に数百年に一度の大変革が起こっています。劇的な少子化や高齢化、財政破綻、環境問題等々の難題に直面する日本は、まさしくタイタニック号の運命と言わなければなりません。いま最も必要とされるのは、こうした難題解決に果敢に取り組む人材の育成です。人材育成の基本は家庭と地域社会であり、「住育」こそ、まさに日本再生の〝突破口〟となるに違いありません。

日本が直面する難題のなかでも、とりわけ問題なのが急速に進む「少子化」。なぜ、これほどまでに子どもが生まれてこないのか。松下幸之助さんが生きていたら「キミな、こんな世の中に生まれてきたいと思わへんわな」と言うでしょう。

唯一の解決策は、子ども達が「こんな社会に生まれてきたい」と思えるような魅力と活力ある社会であるということです。少子化反転の決め手は「幸せ家族」に尽きるのではないか、そしてそれこそが「住育」の目指すところなのです。

さらに、単に生まれてくる子どもの数を増やすことだけではなく、思いやりの心や創造力、社会力、コミュニケーション力を備えた人材を育成することが急務になっています。

現在、世界で輝いている企業、例えばフェイスブックやグーグル、アマゾン、マイクロソフト、アップルなど、これらの企業を誰が創ったのかに注目すべきです。いずれも20歳前後の若者が起業している、そのことに日本人は目を向けなければなりません。つまり大学では勿論、小・中・高でも遅すぎるということなのです。思いやりの心も、創造力、社会力、コミュニケーション力も、まずは「家庭」と「地域社会」で築いていくべきなのです。

歴史を振り返ってみても、さまざまな難題解決の突破口を開いてきたのは、

仲良し家族をつくる家

宇津﨑光代氏
NPO法人住育コミュニティ理事長
住育アドバイザー

わたしが講演をさせていただく時、必ず「皆さんは毎日、お家で暮らしを楽しんで生活していらっしゃいますか？」とお聞きするところからスタートさせていただきます。すると、どの会場でも9割の方が首を傾げられる。なぜ、ほとんどの方が「楽しんでいらっしゃらないのか」、本当にもったいない。でも、大丈夫。どんな家族でも、どんな人たちも、家族みんなが自然に仲良く、幸せに、毎日ワクワク楽しい環境に変えることができるのです。

わたしは天職と思って務めていた小学校教師を5年で辞め、夫が経営する建設会社を手伝うことになり、仕事では一人で何役もこなしながら3人の子育てをしていたのです。その時、毎日の家事、子育てで強いストレスを抱えてしまうのは、住まい（間取り）に原因があるのだと感じました。そして、家事をしない建築のプロの男性には、わたしたち生活者の悩みや困っていることが理解できないと気づいたのです。

そこでわたしは、「お母ちゃんを助けなあかん」と一念発起。家族が「ただいま！」とワクワク帰りたくなる家、お母さんが太陽でいられる家、健康で暮らしやすい住まいづくりを追求し、お母ちゃんの視点での家づくりをスタートさせ、40年間頑張ってきました。

その集大成が「住育の家」です。2000年に〝お母ちゃんの住まい〟住育の家1号が京都国際会館のすぐ近くに完成しました。わたしの家が16坪、隣に24坪の長女家族が住む家を建てました。新しい二世帯住宅の提案も兼ねています。

「住育の家」の基本コンセプトは、①安心・安全なユニバーサルデザインの家②家族が自然にコミュニケーションのとれる家③景観を崩さず、周りや自然に調和するシンプルな家④東西南北、風が流れ元気になる家⑤廊下がなく、家族の居場所がわかる家—の5つ。住む人が「毎日の暮らしを楽しめる住まい」なのです。

「ただいま」「おかえり」が、「住育の家」のすべての基本です。誰もが「ただいま！」と帰りたくなり、自然にコミュニケーションがとれ、家族の気配が感じられる工夫を形にしました。間仕切りは少なく、トイレ・洗面・風呂が廊下として多目的に使え、キッチンに行けるのです。すごく楽ちんで、家事の時間も半分で済んでしまうのです。

こんな楽しい最高の家は、ロシアから「インターナショナルエコロジー賞」を、国内では「住育・家族の絆賞」をいただきました。今年は「住育アドバイザー認定制度」を設け、賛同していただける大勢の皆さんとともに、「住育の家」を全国に発信していきたいと考えています。

記念講演「夢マップは幸せのバトン」

「住育夢マップ」を家族で作ってみよう

宇津﨑友見氏
住育研究所 所長

わたしが住まいの相談を受ける時、まず一番大切なことを聞くのです。大切なこととは、「あなたの夢は何ですか？」「どんな暮らしをしたいのですか？」ということです。ところが、自分の夢や住まい方についての夢を答えられないお母さんが、あまりにも多いことに驚かされます。

夢がないわけではありません。頭の中がゴチャゴチャになってしまっているだけなのです。これらを整理すれば、夢がはっきりし、いま何をすべきかがわかってきます。

そこで、「住育夢マップ」づくりに挑戦してみましょう。A3の用紙に、「いま望んでいることは何ですか」（要望）、「いま困っていることは何ですか」（改善）、「いま変えたいことは何ですか」（不満）、最後に「あなたの夢は何ですか」を、小さな付箋に書いてペタッと貼っていくだけ。毎日、思いつくまま書きとめていくのです。最初は戸惑い、不満や要望ばかりかもしれません。でも書いているうちに、夢が自然にまとまってくるのです。

お家と暮らしの夢マップ

あなたの夢は何ですか？《夢》
今困っていることは何ですか？《不満》
今望んでいることは何ですか？《要望》
今変えたいことは何ですか？《改善》

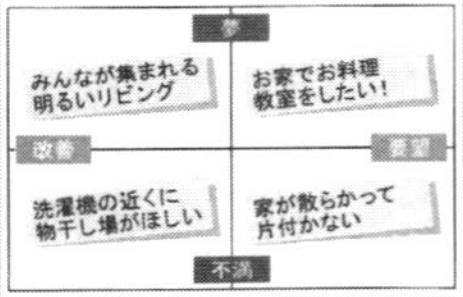

パネルディスカッション

「住育の家」体験者が全国から集い語る

モデレーター
浅野史郎氏
（元宮城県知事、神奈川大学特別招聘教授）

地位のある政治家や役人、学者ではなく、まちの変なおじさん、おばさん、あるいは若者なのです。

わたしが言う『変な人』とは、自分のことより社会のこと、今のことより将来のことを思いやり、柔軟な心で真剣に学び、考え、知恵を出し、勇気を持って提言し、行動できる優しく強い人ということです。

宇津崎さん親子は、そういう意味で実に変な人です。わたしは、こういう人たちこそが、世の中を変えるきっかけを作ってくれるんだと確信し、その活躍を大いに期待しています。

こんなに変わった私たちの暮らし

パネリスト

■黒島　光明さん ■涌井　規博さん
■妹尾なつ子さん ■江原トネ子さん
■秦　智美さん ■石川　秀司さん

一度、夢マップを作り始めると、いろいろなことが見えてきますし、効果が現れてきます。とくに、家庭の中では発見があります。子どもの本当の思い、お母さんの願いや不満、思いが家族みんなに伝わるようになります。家族同士、良いコミュニケーションが取れるようになります。

夢マップを、家族みんなが毎日必ず目にするところに貼って、家族全員で空白を埋めていってください。これが、心と住まいをつなげる「住育」を暮らしに取り入れる最も効果的な方法なのです。

「夢マップ」だけで身体が快復！

黒島光明さん（岡山県）

10年前に急性心筋梗塞で倒れ緊急手術。運動・食事制限、毎日薬漬け、かさむ医療費。体調も回復せず勤めていた会社もやむなく退職。生活がやっとの日々で家族の笑顔もなくなりました。

昨年、「住育の家づくりセミナー」に参加し、「夢マップ」に出会い、即実践。最初は家族の不満や要望、夢はまったく書いてくれなかったけど、自ら書き込む不満を解決していくうちに家族が喜び、付箋に書くようになりました。床を補修して安心、壁をホタテ壁にして母や妻に笑顔が戻り、会社に出かける時には家の中から笑い声が！　その後、病院での1年検診の際、善玉コレステロール値が改善され主治医もびっくり！「夢マップの効果なのかな？」、人生が楽しくなりました。

赤ちゃんが癒しになる整体院

涌井規博さん（新潟県）

住育の家を新築するまでは、35坪ほどの一戸建ての借家を整体院兼自宅としていました。壁やドアで仕切られて、部屋ごとに使い方が決まってしまい、なんとなく使いにくさを感じていました。

2年前に住育の家を新築。1・2階合わせて26坪の小さな家。仕事場と住宅の両方のスペースが絶妙な組み合わせで配置され、ホタテの壁・無垢の杉の床・開放感のある吹き抜け。東西南北・全方向に開口部があって、今までと違い自然光だけで十分に明るく、空気の通りもよく、1日中室内で過ごしても不快な感じがありません。

引越をして4カ月後に自宅で長女を出産。その日から親子3人、川の字で寝ています。寝室の隣にトイレ・バス・洗面があり、オムツ換えも手間要らずで快適です。

家族が変わった！　乗り越えた?!

妹尾なつ子さん（大阪府）

物に所定の位置がなく乱雑な感じで、家に居ても落ち着かず、家族の距離感も適切ではなく疲れていました。夫は忘れ物が多く、主人の母は人づき合いを避けるようになりました。マンションは人工素材で、息が詰まりそうな気分でした。

長男4歳、次男3歳の去年3月に天然素材にこだわった住育の家が完成。散らかってもすぐに片付く、所定の位置にものがあるので気分もすっきり。家族の距離感も上手くとれる間取りで、イライラ解消、笑顔が増え家に居るのが楽しくなりました。夫の忘れ物もなくなり、母は一緒に散歩する友達もでき明るくなり、家が家族の暮らしをサポートしていてくれる感じです。素材にこだわったので、我が家が最高のパワースポットに。

住育の家をオープンハウスに

江原トネ子さん（宮崎県）

憧れの田舎暮らしで家を建てたものの、キッチン、トイレの暗さ、無駄な部屋が出来たなど、暮らし始めてから気づくことが山ほど。

縁あって、工務店の営業として働くことになりましたが、形ばかりで家族が見えない家づくりにストレスを感じていました。

そんな中、住育の家にリフォームし、これまでの使いづらさ、問題がすべて解決し、毎日を最高の気分で過ごしています。2人の娘の結婚や孫の誕生など家族が増える中、楽しく集える住育の家が家族の絆を一段と強めてくれています。

また、乳幼児の親子の触れ合い広場やホームコンサート、住育カフェなどの企画が気軽にでき、地域活動の拠点として大活躍。ますます夢が広がりそうです。

程よい距離感の3世代住宅提案！

秦　智美さん（神奈川県）

従前の家は動線が悪いこと、必要な場所に収納がないことが最大の悩みでした。

どこに物をおいてもしっくりこないので、頻繁に模様替えをしながら、いつかリフォームをと考えていましたが、自分の考えに合う人に出会えず先延ばしになっていました。

そんな時、住育の家と出会い、動線がスムーズになったことで、ストレスが激減。犬のトイレを人間のトイレの隣に置いたので始末がすごく楽になったし、夫の趣味の鉄道模型を家のど真ん中に置いたので夫も大満足。3世代住宅で全てが適材適所？に収納され、部屋がすっきりしたので子どもの遊び場も増えました。無垢と漆喰になったので、消臭効果もバツグン。結露も減り健康住宅に変身しました。

バラバラ家族が仲良し家族に！

石川秀司さん（岩手県）

小さなリフォーム店を経営していますが、仕事や地域への社会貢献を熱心にすればするほど家族との時間がとれず、しまいには3人の息子達も近くに寄ってこなくなるほど。

何のために仕事をしているのか分からなくなっていた時期に、宇津崎光代さんの講演を聞き号泣。

「形から入って心に至る」を信じ、幸せになる最後のチャンスと思い、力技で新築にこぎつけました。しかしながら、住んでみると家族の問題が次々に発覚。その都度「すべての因は我にあり」と、家長としての舵取りをするハメに。

でも不思議にも事態はすべて好転。そのスピードの速さの一因に、住育の家が生み出す「家族密度」が関係していると感じています。

資料：住育コミュニティー in 東京 2013

住育コミュニティ in 東京 2014　～今こそ深めよう～家族の絆・社会の絆

暮らしを楽しむ家づくりで日本を変えよう

6月21日（土）、東京都品川区の品川プリンスホテルにおいて「住育コミュニティin東京２０１４」が開催された。冒頭、衆議院議員の逢沢一郎氏が「住育」の必要性をもっと多くの人が理解し、行政もサポートしながら、大きな日本のうねりとなるよう願っていると述べた。開催主はNPO法人住育コミュニティ協会（宇津崎光代代表）。「第1部」は講演・シンポジウム、「第2部」はつながり懇親会。「今こそ深めよう家族の絆・社会の絆」と題して理事の一人「住育の家」一級建築士、宇津崎せつ子さんが司会を務めた。

宇津崎友見さん

・・・「住育の家」で明るい未

まず「住育」とは何か。それは家を箱と捉えるのではなく、人を育む場と考えること。人が生まれ、家族が増え、そして巣立ち、やがて老いていく。人生に寄り添い、暮らしを見守り続けるのが家の役割。「住育」とはまず、「楽しい暮らしありき」を提案している。

そんな「住育」に欠かせないのが夢マップ。家族全員が不満や夢を付箋に書いてシートに貼り付けるもの。これが家づくりの計画・設計の下地にもなる。

当日はその開発者で住育アドバイザー養成講座の講師の宇津崎友見さんが「夢マップは幸せのバトン」と題して講演。実際に夢マップを二人づつ体験ワークも行った。

友見さんは家を新築・リフォームして不幸になる人と幸せになる人がいることに疑問を持った。住まいとは夢をカタチにすること。だが、施主に夢を尋ねても、答えが返ってこない。どうしたら家族みんなが自分の夢を語れるのかと考えてできあがったのが夢マップだ。思いついた時付箋に書いて貼るだけの手軽さで、ようやく家族が、自分の思いを表現できるようになった。

家族がつながる 住育視点

講演で友見さんが語った住育視点は3つある。一つ目は「おかえり」「ただいま」が言えること。玄関は社会と家庭をつなぐドアだという。外で何があったか、玄関で顔を見ればすぐわかることが基本だ。

二つ目は家族のコミュニケーションを活発にすること。家族会議を開いて、それぞれの思いをぶつけ合う。

三つ目は家族の気配が常に感じられること。親の役割は子供を見守ることにある。「常に親が近くにいれば、子供は一人遊びができる。そうしたい生活習慣を家庭に根づかせる間取りにすることが大切」と言う。

家を建てるとき考えるのは、まだ、外観やインテリア、キッチン設備などのハード面のことが多い。友見さん

夢マップは幸せのバトン

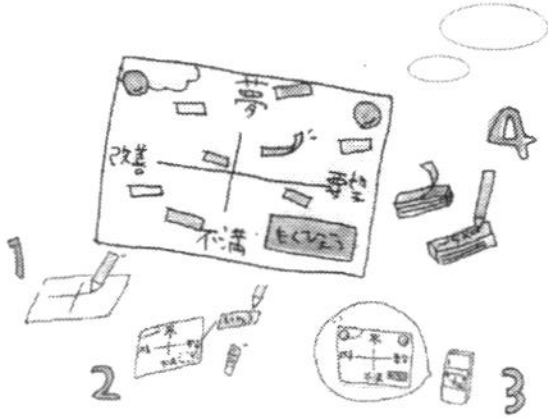

パネルディスカッションより

ストレスなくなり生活楽しむゆとり生

楠生道代さん（京都府）
5才、3才…子育てまっ最中!!

「住育の家」との出会いは、宇津崎代表の講演会。それまでは主人の退職後、地元の奈良県に帰ってから家を建てようと思っていました。しかし「住育の家」の話を聞いているうちに家を建てたくなり、渋る夫を連れて「住育の家」のオープンハウスへ行ってみました。そうしたら、子供たちが伸び伸びして、主人もこんな快適な家だったら建ててもいいなと言うようになりました。

以前は官舎に住み、カビにとても悩まされていました。舞鶴は雨が多く、天井までカビだらけ。それが「住育の家」に変わり、東西南北に風が抜けるようになると、一切カビが生えなくなりました。

また、夫婦そろって片付け下手で、官舎の一部屋は物置に。それを新築して家族ごとに収納場所を決めたら、これまで脱ぎっぱなしだった夫も、服をかけるようになりました。

「住育の家」の一番の特徴は家事動線が短いこと。わが家でも「楽スルー」と呼ばれる、トイレ、浴室、脱衣室が一直線に並ぶ水まわりの配置を取り入れました。浴室とトイレが直につながっているので、トイレトレーニング中の子供が失敗しても、すぐ浴室できれいにでき、ストレスが減りました。そしてトイレ、リビング、ダイニング、キッチンと、行き止まりがない回廊に工夫。子供たちは元気に家中を走り回っています。

また、それまでは、私の心に余裕がなく、子供たちと一緒に料理をすることもありませんでした。それがオープンキッチンになってからは親子でキッチンを囲む機会が増え、長男も包丁を使ったり、食材の炒め役として楽しんでいます。3才の長女もお手伝いをしたがります。

子供たちの遊び方も変化。どちらかというとインドアだった息子も、家庭菜園にいる昆虫を見つけたり、水やりをしたり、自然と触

特別講演より

特別講演は企業研修る、台湾出身の李久惟本人の忘れ物」と題しべき幸せについて説い

私の祖父母は日本の統治下だった台湾に暮らし、今の日本人が

李久惟氏

語学講師として活躍している（LEE JOE）氏が「日本人がもう一度考える」。

いかけている大切な日本魂を持ち続け、孫たちにもそれを伝えてくれました。

台湾に今なお息づく日本の心

日本精神とは「利他」（りた）の心。自分よりまず人のことを思いやる心。これこそ、かつて日本人が台湾人に教えてくれたことです。

私はよく「逆さピラミッド」の話をします。自分の上には父母がいて、その上にもそれぞれの父母がいる。28代さかのぼれば、その数は1億3000万人に及びます。私たちはみな同胞。だから助け合うのです。

そしてまた、その先祖をたどる道のどこか一つが欠けても、今の自分は存在しません。まさに「命のリレー」が、天災や人災をくぐり抜けて脈々と受け継がれてきたのです。今の自分があるのは、ある意味では奇跡なのだ、と。生かされていると感じれば、それは感謝の心につながり、人のために役立とうという気持ちが生まれます。

台湾は日本と同様に、八百万の神々を崇拝しています。神様に手を合わせるときには、まず人の幸せを願いなさいと教えられました。

自分より人の幸せを優先し、互いに助け合い、よりよい社会をつくるには、人に恥じない行いをすること。心のこもったコミュニケーションを大切に、監視ではなく関心を持って人と付き合うことが大切です。心と言葉が結びつけば、すごい効果を発揮します。それこそが日本が誇るおもてなしの神髄だと。

台湾には、日本人の血税を使って完成した八田ダムがあります。このダムによって、生きていく上で欠かせない水と食糧を安定して手に入れることができるようになりました。搾取ではなく貢献を主とした日本の統治は、台湾の人たちにとても尊敬され、今なお多くの台湾人は感謝の気持ちを忘れていません。

知育、徳育、体育、食育、住育。いずれも大切ですが、こうした教育の根底には、人のつながりを重んじ、常に他の人のためを思って行動できる、そんな利他の心が流れているのではないでしょうか。かつての日本人が持っていたすばらしい徳を、みなさん再度思い起こしてください。（談）

未来を次世代に受け継ぐ・・・

は「家族がどんな暮らしをしたいかが抜け落ちている。暮らしを楽しむという、望ましい未来像を描くことで、満足のいく家づくりができる」と指摘。「家とそこに暮らす家族の心は密接につながっている」と話した。

まれた

合うようになり、
っかり外遊びに夢中
。
夫の釣仲間や主婦友
ちの評判も上々、わ
家が集合場所です。
に天窓をつけたリビ
グは光が射し込み、
ても明るくて自慢の
ペース。こんな風に
活を楽しめるように
ったのは住む私たち
変わったのではな
、人が主役の住育の
に変わったから。人
住まいの関係って重
ですね。（談）

それぞれの立場で「住育」の必要性を熱く語る

ファシリテーター
渕上智信氏

講演後行われたパネルディスカッションでは、ガイアシステム代表取締役会長で市民団体ユナイテッド・アース代表世話人の渕上智信氏がファシリテーターを務めた。同氏は日本の経済不況、若い世代の生きる気力の低下、若者の人口減少、少子化という4つの問題点をあげ、「住育」がこれからの明るい未来をつくる突破口になればとの思いを語った。

パネリストは、自ら「住育の家」を新築した楠生道代さん（京都府）、食育を考える管理栄養士の土方紀代子さん（岐阜県）、理学療法士の下元佳子さん（高知県）、植木職人の塚本洋壽さん（千葉県）、リフォーム会社経営の福田誠さん（北海道）の5人。

これからの突破口見出す

土方さんの話

惣菜という字は物に心を添えてつくったおかずと書く。お惣菜をつくるキッチン、会話が弾む食卓が大切!!家族の命をつなぐキッチンはつくる人にとって楽しい場にすることが住育の考え。管理栄養士の土方さんは、家族関係がよくなる食と住の重要性を説いた。

下元さんの話

理学療法士の下元さんは住環境を考える上で、数字だけでは表せない大切なものがあると言う。確かに廊下の幅などハード面を充実させることは必要。しかし障害があるなしに関わらず、家族一人ひとりがどんな暮らしがしたいかを考えることが基本。障害者や高齢者であっても、家族の一員として共に暮らす楽しさを味わうことで、可能性を伸ばすことができるのが住育視点で、今後住育アドバイザーの活躍を期待していると結んだ。

塚本さんの話

植木職人の塚本さんは、和の心の大切さについて語った。この世で一番大切なものは、金銭でも地位、名誉でもなく、寄り添える心、温もりのある心、和を尊ぶ心だと話す。両親から教えられた和の教えに従って、慈愛の心で、植木、苗木を育て、また人を育てる。そういう気持ちになると、殺伐とした事件もなくなるのではないだろうかと述べた。

福田さんの話

リフォーム会社経営の福田さん。いろいろな苦難を乗り越え、今では「住宅リフォームこそ私の天職」と言う。そこに大きく関わったのが、宇津崎理事長の存在。「住育」との出会いから、北海道で初めて、自宅マンションを住育の家にリフォームして、楽しい暮らしを検証し、これから「住育」の素晴らしさを伝えるメッセンジャーとして頑張りたいと抱負を語った。

資料：住育コミュニティーin 東京 2014

広告

住育コミュニティ in 京都2016

家庭と地域をつなぐ

新しいコミュニティの形を

宇津崎友見理事長

司会の真希さん

（一社）日本住育協会（宇津崎友見理事長）は、社会・街・家庭など幅広い角度から住まいと心のあり方を考える「住育」を提唱している。同協会が主催する「住育コミュニティ in 京都2016」が10月15日、京都市の国立京都国際会館に関係者150人が集い開催された。今回は「住育の家」の提唱者である宇津崎光代氏が創設した㈱ミセスリビングが、設立30周年を迎えたことを記念し共催した。

住育コミュニティは、「住育視点の住まいづくりこそ地域おこし」と価値観を共有した大学生と二人で11年前にスタートさせたもの。その集いは全国各地のまちや海を渡りモンゴルでも開かれ、今回で22回目を迎えた。

創立30周年を迎えた「ミセスリビング」

司会は住育視点の暮ら環境の中で生まれ育った学1年生の真希さん（理長の長女）が務めた。

開会あいさつで宇津崎事長は「住育の家づくり提唱者である母は、小学教師時代から家庭訪問やさまざまな家・家族をて、また自ら建築家の締して3人の子育てで間取の大切さに気づき、実験検証を幾度も繰り返したら集大成である住育視点の家に辿りつきました。せ家族を増やすことは、時に地域コミュニティを

山極壽一京大総長が「ゴリラに学ぶ社会」講演

第一部は、ゴリラ研究の世界的権威で、京都大学総長の山極壽一氏が「ゴリラに学ぶ社会」をテーマに基調講演。野生で生きるゴリラの生態や人間との比較を通して、「家族のあり方や子育ての環境」について語った（＝写真）。

◇　◇　◇

第二部、「住育視点で楽しく暮らす住まいと心のあり方を考える」と題してのシンポジウムでは、「住育の家」一級建築士の宇津崎せつ子氏、住育視点の家に住みながら住育アドバイザーとして活躍する大原美保さん、工務店の経営者として「日本中に幸せ家族を増やしたい」と住育に取り組む高橋俊博氏の3人がパネリストとして登壇。実体験を踏まえ、それぞれの立場から「住育視点の家」への思いを率直に語り、伝えた。ファシリテーターは加納義久氏（一級建築士）が務めた。全国15軒の住育視点の家に住む夫婦を対象に「満足度と幸せ度調査」を実施した同氏は、「家事機能性やふれあい度など5項目平均の満足度が94点を超えた（前の家の満足度は平均20点）」ことを公表した。

加納義久氏

シンポジウム

家事・子育て真っ最中の忙しいお母さんを笑顔に

宇津崎せつ子氏
宇津崎せつ子・設計室代表取締役（住育の家　設計士）

家事・子育て真っ最中の忙しいお母さんを笑顔にする「住育の家」。それは「どんな暮らし方をしたいのか」「どんな家族になりたいのか」―を引き出すことからスタートします。つまり、家のビフォーアフターではなく、「人（の暮らし）のビフォーアフター」を描き出すことから、私の住まいづくりは始まるのです。

かつて建築業界は男社会で、その家づくりの根底から、「住む人の暮らし方、あるいは主婦の使い勝手」という視点や意識は完全に抜け落ちていました。ですから当時、世の中には男目線の、お仕着せともいえる見栄え重視の、「大きくてもさびしい家」がたくさん建ちました。

私も子供の頃、工務店を経営していた父の仕事の関係から、豪邸といわれるような家に住まわせてもらい、3人の子供たちそれぞれに広い個室を与えられていました。でも部屋を仕切る厚い壁に、声も心も阻まれ、寂しいばかりで楽しい時間はありませんでした。寂しさゆえの、ささやかな抵抗は誰にも気付いてさえもらえなかったのです。

今でこそ「元気印のお母ちゃん」というイメージが定着している母ですが、当時はまったくの別人のようでした。常に時間に追われ、鬼気迫る形相で仕事や家事、育児をこなす。私が見ていたのは、いつもイライラする母の後ろ姿。台所で料理をする母、家事をしながら子供たちの話を聞く母、でも見えるのはいつも背中ばかりでした。一緒に暮らしているはずなのに、なぜか寂しさを感じてしまう毎日。住まいは人間形成に大きな影響を与えるのです。

「小さくても暖かな家」。私はそんな住まいづくりを提案しています。「住育の家」は「ただいま」「おかえり」がすべての基本です。玄関を開けた瞬間から、家族の心のふれあい、コミュニケーションが始まるのです。

具体的には「家族みんなで料理を楽しめるキッチン」「人にあわせて指定席をきちんと決めた収納計画」「どこに居ても家族の気配が感じられる間取り」などを、プランづくりの中で最も大切にしています。家族の気配を感じられるだけで、子供も大人も心が安定して、みんなが仲良く暮らしを楽しむことができるのです。

「幸せ家族を全国に増やしたい」。そんな母の想いがたくさん詰まったバトンをしっかり引き継ぎ、「住育の家」が日本中に広がるようこれからも努めていこうと思っています。

「住育視点で楽しく暮らす住まいと心のあり方を考える」

住育視点

性化させることと確信しています。心豊かな社会づくりに貢献できる活動として、全国の住育アドバイザーの皆さんとこれからもがんばりますので、皆様の力強いご支援をお願いします」と語った。

多くの来賓を代表して、二氏が祝辞を述べた。

佐々木喜一氏

■成基コミュニティグループ代表の佐々木喜一氏は、街づくり支援のため宇津崎光代氏らと訪れたモンゴルでの体験を披露。そこで出会った、レンガを積む人々とのエピソードを「住育の家」と重ね合わせた。「なぜレンガを積んでいるのか」。A村では「金儲けのため」、B村では「家を建てるため」、C村では「家族が幸せになれる家を建てるため」。「何を目的にしているのか。その違いによって、結果は自ずと大きく変わってくる。『家族が幸せになること』を第一の目的に掲げる『住育の家』、明確な目的と独自性の高いアプローチから導かれる結果は、いつも期待通りであり、家族の成長とともに進化を続けられる住まいだ」と評価した。

山名靖英氏

■元衆議院議員の山名靖英氏は「ミセスリビングは30年の大きな節目を迎えた。住育の住まいに、これほど多くの人々が賛同し、活動を支え、その輪を広げようとする原点には、何時も忘れない『感謝』という二文字がある。『住育の家』のすばらしさは、そこに住むファミリーの満足げな笑顔を見たらすべてが分かる。幸せ家族が増えていけば、きっと日本は変わる。現役の議員さんたちには『日本住育振興議員連盟』なるものを結成してもらい、日本の国づくりのため是非とも応援してほしい」と結んだ。

「住育アドバイザー」資格制度が定着

「住育アドバイザー」資格制度が正式にスタートして3周年。全国で25人のアドバイザーが、それぞれの地域で「住育」の啓蒙や住まいづくりにかかわるアドバイスを行っている。

つらいお母さんが幸せなお母さんに変身

私は、「つらく苦しかったお母さん」から「幸せなお母さん」に変身しました。

3人の子育てに疲れ、「家を出たい」とさえ思いつめていたころ、そう4年前です。横浜市で開かれた「住育」の講座に夫を連れ出しました。講師を務められた宇津崎光代さんの魂のこもった講話は、夫に「新興宗教かも」と思わせるほどの説得力と魅力に溢れ、私の心の中にどんどん入り込んできました。

すべてが腑に落ちたのです。家事や育児で毎日必ず襲ってくるイライラ、夫との不協和音、子供たちへの苛立ち。その原因が、「家そのものにある」ことに気づかされたのです。「家を新築する」なんて、その時まで考えてもいなかったのですが、これからの暮らしを変えるため「住育の家」に賭けてみようと決意しました。

大原美保氏
ビックフィールド 住育アドバイザー

「どんな家に住みたいのか」ではなく、「こんな暮らしがしたい。こんな家族になりたい」を気付かせてくれた「住育」。大切なポイントは、家族全員で夢や望みをのせた「夢マップ」をつくること。生まれて初めての経験をしながら、「家族を幸せに、成長させてくれる家」をとうとう完成させました。いまは、「間取りが家族を変える、生き方を変える」ことを体感しています。そう、この家での暮らしはイライラをほとんど感じることがなく、家族仲良く毎日の暮らしを楽しんでいます。

「自分たちのような幸せ家族をもっと増やしたい」。熱い思いが湧いてきて、自分も住育アドバイザーの資格を習得。自宅を地域コミュニティの場として開放、集ってくれる大勢の皆さんに「住環境がどんなに大切か」をお伝えする毎日を、ワクワクしながら過ごしています。

地域の役に立てる工務店に

今から4年前、住育のお母ちゃんに出会い、話を聞き、「住まいづくりを通して幸せ家族を日本中に増やしたい」「自身も地域の役に立てる工務店になりたい」と住育視点で考えるようになりました。祖父の代から三代、桐生市で地域密着の仕事をしていますが、今までの工務店に足りなかった大切なことを「住育の住まいづくり」で気付かされたのです。

デザイン優先の「雨風を凌ぐ箱」を造るのではなく、「お客様が幸せ家族になる家」を提案、実現しなくては。そのためにはまず、工務店自らが毎日の暮らしを楽しまなければ。そこで一念発起。社宅だった家をリフォーム、一階を事務所と「地域のコミュニティサロン」に、二階を自宅に全面改装。今年4月のオープン以来、地域の交流の場として成長を続けています。

高橋俊博氏
ふくろうはうす 高橋建装代表

リフォームにあたっては、「夢マップ」で自分たちの望みや気持ちを素直に表すことから始め、具現化していきました。「人生の価値観を優先させる」、とても大切なことです。「住育視点の間取り」によって、家族一人ひとりの暮らし方や気持ちに大きな変化が生まれ、互いを尊重し合い、思いやる言動として表れていることを実感しています。

いまは工務店の代表として大きな夢と決意を抱いています。「幸せ家族を増やしたい」。そのためには「造り手が幸せになる」こと。その上で暮らしをオープンにして、体験したことを直に伝えること。「住まい手には、その良さを五感で十二分に感じ取ってもらいたい」。

「家づくりは人づくり・家族づくり」。工務店として地域の家を守り、家族を守りたい。わが「住育の家」を通してお役に立てるよう固く心に決めています。

資料：住育コミュニティー in 京都 2016

広告

ー住まいづくりは家族と社会の絆づくりー

第24回 住育コミュニティ in 東京 2018

会場：港区立男女平等参画センター・リーブラ＜東京＞

保存版

家族で楽しむ　住育夢マップ

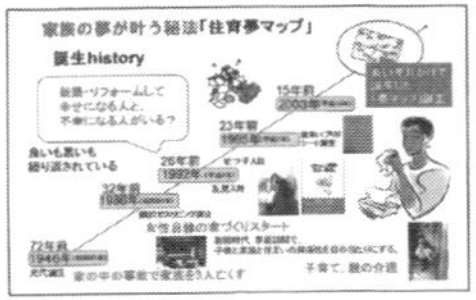

「住育マップ」の誕生

「住育の家」提唱者の母・宇津崎光代は小学校の教師から転職し、私たち3人の子育てをしながら「ミセスリビング」を立ち上げ、家づくりに新しい思想を入れて頑張ってきました。

私はその後ろ姿をずっと見守って来ましたが、家を新築しても満足していないお客さまがいるのを見て、大切なことが欠けている!!と思いました。

「家族の夢が形になる秘密の方法」

宇津崎 友見 氏

（一社）日本住育協会　理事長

住まいづくりは家族みんな向き合い、夢を引き出して形にする一番大切なことだと気づき、夢マップを開発したのです。

住まいと心の深いつながり

住まいと心には深いつながりがあります。住環境は家族が変わります。こんな大切な住まいを考える前に、まず、「どんな暮らしがしたいのか？」「どんな家族になりたいのか？」考えてほしいです。

住育の間取りポイント 6つの注目点

①玄関「外での出来事がひと目でわかる場所」

子育て期は、特に玄関での「ただいま」「おかえり」と応えることができる間取りにする事が大切です。

②「家族をつなぐ回遊動線とホール」

住育では、廊下やホールを通路とは見なさず家族のコミュニケーションを円滑にする共有スペースとします。

③LDKで家族の絆を深める。

リビングに自分の居場所をつくることで、家族全員が居心地の良い場所になります。又死角をなくし目が届くつくりにすると自立できる子どもになります。

④子ども部屋

出来るだけ狭く寝るだけに。

⑤夫婦の寝室

豪華にして子どもの憧れの部屋に。

⑥家事を楽に同時に3つ!

家事も子育ても、介護も全てを楽しみながら自由時間を増やす。

このような視点をもって住まいを考えることが大切です。

家庭と地域と社会を豊かにつなぐ「住育」視点

住まいが家族の心に及ぼす影響がこんなに大きい!?

住まいは「心の癒やし」の場であり、豊かな心を育む人間形成の場である――

こんな住育視点での家づくりを提唱する（一社）日本住育協会主催の「住育コミュニティ in 東京」がたくさんの皆さまのご協力で開催された。

世界の歌姫・倉原佳子氏の「アベマリア」に始まり、ドラゴンボールで有名な脚本家の小山高生氏の基調講演、宇津崎友見理事長のワークショップ。住育の家づくり後継者の宇津崎せつ子氏が「住育の家」づくり手引き本の出版秘話を披露、お客さまとのトークセッションも行われた。全国で活動する「住育アドバイザー」からその多彩な活動ぶりも紹介された。総合司会は佐藤晴佳さん（大学生）が務めた。このように**学生から高齢の方まで世代をつなぐ場**となった。

【3日間限定】住育コミュニティ動画　プレゼント →

基調講演

より良き家庭作りのために
～あなたのハートに元気玉～

小山 高生 氏

アニメ脚本家、作家

大阪芸術大学キャラクター造形学科 教授

親の言動が子どもた

21世紀最大の家庭問題は家族の在り方です。「ハウス（家）が建ってホーム（家庭）が消えた」という視点からお話を始めていきます。

やっとの思いでマイホーム（家）を建てたものの、ローンの返済のために共稼ぎせざるを得なくなり、パートに出た母親が子育てに時間が割けなくなって、母親業がおろそかになり、アットホームがあっという間に崩壊する傾向にあるという意味です。つまり、住居購入により親子関係の絆が断たれ、家庭の崩壊につながるということです。

たとえば「ママの作るエビピラフが美味しくて大好き」という作文を書いた小学生が、「エビピラフを美味しく作るコツは？」とママに聞いたところ、「電子レンジでチンするだけよ」と答えたというエピソードがSNSで紹介されていました。私たちの母親（大正生まれ）には考えられないことで、「おふくろの味」はもはやチンして食べる冷凍食品に変わってしまったようです。

また、マイホーム新築による次のような弊害もあります。子どもに個室を与えると、家族が向き合って話し合う機会が減ります。子どもの生活実態が把握しにくくなり、さらにスペースの関係や嫁姑の問題で三世代の同居も少なくなり、核家族化が当たり前になっていきます。すると祖父母の生活の知恵、文化が孫世代にバトンタッチされなくなり、そしてアットホームが崩壊してしまうのです。ここに「住育」の意義があります。

それらを背景にして、多くの青少年問題が派生しています。援助交際、覚せい剤使用、万引も当たり前になり、いじめやニートで長く引きこもったままの青少年が増え、子どもの自殺や殺人（子殺しや親殺し）なども増えています。多くの原因は家庭崩壊、親子関係の断絶に起因していると思われます。

ユダヤの格言に、「ひとりの母親は、百人の教師にまさる」というものがあります。子育てにおいて、いかにお母さんの力が必要かという一つの証左でしょう。

十数年前、鹿児島市加治屋町にある「維新ふるさと館」を訪ねたことがあります。当時入館してすぐのコーナーに藩主島津斉彬や下加治屋町出身の西郷隆盛や、大久保利通たちの母親がずらっと顕彰されていました。幕末の偉人と言われた人々もすべて母親が生み、育てたのです。まずその母親を顕彰するという姿勢に共感を覚えました。

先に挙げた多くの青少年問題は、まず母親の家庭での子どもたちへの教育、躾の大切さを物語り、父親の無関心さも併せて指弾することができます。

母性愛はあくまでも「無償の愛（アガペー）」であり、「大慈」で、「優しい愛」です。一方、父性愛は「厳しい愛」、「大悲」なのです。二つが両輪となって初めて子どもたちをまっすぐ育んでいけるのです。ところが最近の若いパパたちは父性愛というよりも母性愛に近づいているのではないでしょうか？　厳しさが足りません。礼儀作法や言葉づかい、立居振る舞いや躾などを学校の先生にお任せするのではなく、自分たちの子どもなのですから、親が自分たちで育てることが大切なのです。

ちを変える

『天地宇宙の法則』に、「川上濁れば　川下濁む」という法則がありま す。親や大人、教師が川上であり、その川下に児童、生徒、子どもたちがいるという関係です。川上が濁っているから、川下も濁るのです。それを大人たちは「今の若い奴はしょうがない」と子どもたちを責め立てます。しかし、エジプトのピラミッドの壁面にも「今の若い者は仕方ない」と彫られているそうです。親（大人）たちは子どもを責める前に、まずこんな社会を作ってしまった川上の責任を反省すべきなのです。

亡き永六輔さんの名著に『職人』があります。これは市井の職人さんたちの言葉を集めたものです。その中にどんな高名な教育者の言葉に勝るとも劣らない言葉があります。

最後にその言葉を私から皆さんへのプレゼントとして話を終わりたいと思います。

「子どもは親の言う通りに育つものじゃなくて、する通りに育つ」

言う通りに育つのなら、こんな楽なことはありません。する通りに育ってしまうから厄介なのです。そこに私たち大人の責任があるのです。

住育アドバイザーの実践報告

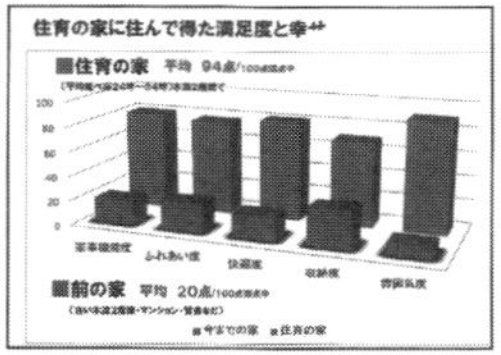

全国の「住育の家」の顧客の満足度調査

講演の様子

ワーク&セッション　こんなに変わった！私たちの暮らし

「住育」がつなぐ幸せへの架け橋

住育夢マップワークのあと一級建築士のせつ子さんが東京都で「住育の家」にお住まいのお客さま（今井さん）と一緒に登壇。

4年前に東京の建設会社で新築する時、打ち合わせがうまくいかず、不安と焦り、ストレスをいっぱい抱えてモヤモヤしていた今井さん。夫婦喧嘩が絶えなかった時に以前テレビで見た「住育」をパソコンで検索し「これだ！」と東京からせつ子さんを訪ねました。夫婦の思いを引き出してくれ、オリジナルの宿題、夢マップ・収納ワークなどから提出された設計やプレゼンを見て「この家なら本当に大丈夫！」という確信に変わりました。今井さんはこれまで最多の8枚もの「夢マップ」を書き上げて家づくりに臨み、東京の建設会社で完成することができた苦労話を生の声で話してくださいました。

せつ子さんは、たくさんのお客さまが家庭の中だけでなく仕事の成果や人間関係・生き方・人生が好転されるのを見て、住まいづくりは人づくりだと痛感し、お客さまと一緒に「住育の家」づくりの手引き（書籍「家事・子育て・老後まで楽しい家づくり　豊かに暮らす『間取りと収納』」）を出版したことを報告。

いっしょに登壇した今井さんも本書に熱心に寄稿してくださるなど、感謝の気持ちでセッションを締めくくりました。

東京で「住育の家」のお客さまと登壇し、二人でセッション

夢マップワークが終わり、マイクを宇津崎せつ子さんにバトンタッチ

「住育の家」づくり手引き
［書籍］
家事・子育て・老後まで楽しい家づくり
豊かに暮らす「間取りと収納」
著者：宇津崎 せつ子
本体：1,600 円（税別）
発行：アートヴィレッジ

96歳現役の「住育」応援団

鮫島純子 さま
エッセイスト

「好奇心に美しさ、品格、ユーモアを兼ね備えた驚異の96歳」と呼ばれる鮫島純子さんは、他ならぬ明治の実業家、渋沢栄一翁のお孫さん。

当日、講演を終えてから「住育コミュニティ」に駆けつけてくださって「困っている人に寄り添える思いやりの心」を育むのが「住育の家」と力強く応援してくださいました。また、2019年の「住育コミュニティ in モンゴル」にも「ぜひ参加したいです」と結ばれました。

松岡教授の最終講義に親子3人

「住育コミュニティ in モンゴル 2019」

新モンゴル日馬富士一貫校で5月開催決定!!

モンゴルのバヤン・ムンフ氏に住育のタスキが東京で渡されました ▶

▲ナマジル教授と「住育の家」提唱者・宇津崎光代

2019年モンゴル国の家族学博士のナマジル教授「家族学」と「住育の家」を合同研究。5月15日の国連「国際世界家族デー」の日に研究成果をモンゴル国のテレビより世界に発信する予定です。

書籍「家事・子育て・老後まで楽しい家づくり」

新しい生き方への導き

松岡先生ご推薦

松岡 紀雄 氏
神奈川大学 名誉教授
（一社）日本住育協会 顧問

「住育の家」とは何かが実に鮮やかだ。それもそのはず、著者は「住育」の提唱者として知られる宇津崎光代さんの次女・せつ子さんである。早くから両親の背中を追って建築現場で汗にまみれ、一級建築士として何百軒もの住まいづくりに精魂を傾けてきた。「こんな暮らしがしたい」という住む人の夢を実現する、文字通り「幸せ家族ナビゲーター」である。

広くて豪華な家ではなく、むしろ狭いと案じられるほどの数多くのお客様や自らの住まいの間取りや生活の様子を図面や写真入りで紹介しているが、そこに住む家族が輝く「人のビフォー・アフター」が実に気持ちよい。この本は私が現役だったらゼミ生のみならず、全教科の受講生に課題図書としていたに違いないだろうし、実に示唆に富む本と言える。新築やリフォームとは無縁の人にも今日からできる「せつ子流収納術」、さらには著者が「人がより幸せになるための統計学」ととらえる家相や気学、風水など、生活の知恵がギュッとつまった新しい生き方への導きの書でもある。

資料：住育コミュニティー in 東京 2018

「住育の家」スペシャルサンクス（順不同・敬称略）

森　真二	弁護士法人中央総合法律事務所　弁護士　http://www.clo.jp
松岡　紀雄	神奈川大学名誉教授　一般社団法人日本住育協会顧問
堀田　力	公益財団法人さやわか福祉財団　www.sawayakazaidan.or.jp
山極　壽一	京都大学総長
戸田　省二郎	元京都大学哲学教授
高橋　陽子	公益社団法人日本フィランソロピー協会　理事長
小山　高生	アニメ脚本家・作家　元大阪芸術大学キャラクター造形学科教授
山折　哲雄	哲学者
江口　克彦	一般財団法人東アジア情勢研究会　理事長
今野　由梨	ダイヤル・サービス株式会社　代表取締役　https://www.dsn.co.jp
湯川　れい子	音楽評論・作詞家　http://www.rainbow-network.com
木村　行伸	いろは出版　代表取締役　http://hello-iroha.com
大塚　健樹	盛岡大学短期大学部　幼児教育科教授　http://www.morioka-u.ac.jp/
佐々木　喜一	成基コミュニティグループ　代表　http://www.seiki.co.jp
森　京子	社会福祉法人　市原寮　理事長　http://www.itihara.or.jp
西崎　哲弘	株式会社ブレス　https://kk-bless.com
若林　卯兵衛	（株）若林仏具製作所　www.wakabayashi.co.jo
齋藤　伸一	マナトレーディング（株）　https://www.manas.co.jp
中西　たえ子	株式会社鼓月　http//www.kogetsu.com
玉置　半兵衛	半兵麩　www.hanbey.co.jp
津田　佐兵衛	井筒八ッ橋本舗　www.yatsuhashi.co.jp
安藤　桂甫	安藤人形店　www.ando-doll.com
山名　靖英	株式会社フロンティアプランニング代表取締役
安倍　勇作	善水株式会社　https://genkinoderu.stores.jp
伊東　弘泰	アビリティーズ・ケアネット（株）　https://www.abilities.jp
北村　斉	日進木工（株）　https://www.nissin-mokkou.co.jp
小田　外喜夫	サンコロナ小田株式会社　www.sunoda.co.jp
加島　笑子	加島商店　http://zuiko-kashima.co.jp
横尾　初喜	映画監督（株）UNITED PRODUCTIONS　https://united-p.co.jp
草場　一壽	陶彩画家・アーティスト　草場一壽工房代表
渕上　智信	NPO 法人ユナイテッド・アース　代表世話人　www.united-earth.jp
小角　亨	株式会社 小角綜計　代表取締役
中澤　由幸	中澤農園　https://www.kitaiti.com/tororoimo
浦谷　兵剛	株式会社　兵佐衛門　www.hyozaemon.co.jp
村松　よし子	株式会社村松石材　www.muramatsu-stone.co.jp
吉田　修	建築工房ほっと・するう代表
上月　大介	株式会社ブルーム　http://www.awase.jp
北口　春樹	北口塗装　代表
北川　清和	（株）平安光業　代表　http://www.heian-kogyo.jp

倉原　佳子　時空を越える銀河の歌姫　http://kuraharayoshiko.www2.jp/
木村　正宏　がんこ本舗　http://www.gankohompo.com
加納　義久　加納住環境研究所　所長
式田　完　ダイシンインテリアデザイン　代表
水川　明　アロマ株式会社　代表
田村　晃　田村産業代表
小島　久美子　I.S.HOME　https://is-home.co.jp
坂本　敦子　日本・モンゴル民族博物館　https://www.city.toyooka.lg.jp
岩井　美晴　㈱奥城崎シーサイドホテル　www.rurubu.travel/ja-jp
小松　信幸　株式会社シップ　www.shipinc.co.jp
古賀　正之　門川さくらんぼ保育園　園長　www.wam.go.jp
福永　栄子　地域交流誌「みちくさ」主宰
橘　修吾郎　心理療法家
齋藤　麻紀　NPO 法人 Umi のいえ　http://uminoie.org

木全　ミツ	浅野　史朗	木谷　正道	福井　義幸
蔵本　天外	河原　裕子	三島　俊介	金堀　一郎
小川　定孝	早崎　太郎	上村　多恵子	加藤　力
ヒロコ・ムトー	古川　三千代	竹原　繁夫	李　久惟
越智　啓子	木村　まさ子	鮫島　恭子	原　千砂子
粂田　雅子	山本　祥子	中島　カオル	伊藤　則子
松木　貴子	小針　恭子	孫　春怜	石井　俊博
冨倉　弦二	井口　末雄	若月　正臣	阿部　常夫
中井　隆栄	松本　望太郎	高松　芳光	四方　徹
新井　香恵	越智　俊一	萬代　衣南	馬瀬　靖子
芝　健太	田路　あつ子	外山　ユミ	大場　容子
由井　啓之	熊谷　美穂	桜田　節子	小崎　誠司
雑賀　浩司	三浦　崇史	吉田　雅道	山田　英孝
中島　隆子	馬原　裕知	中村　智子	菅　星朗
南　昌孝	福島　康晴	田所　賢二	清原　邦雄
武部　宏	青柳　良明	吉田　妙子	堀本　肇
下元　佳子	森本　智香	香葉村眞由美	福島　史織
平山　武久	桑田　恭	水上　健治	植草　敏雄
古田　和代	今柄　紫峯	佐倉　真喜子	堀本　章治
加藤　力	宮後　浩	川口　凱正	松田　和繁
福田　令子	佐々木留美子	石川　秀司	高橋　由美子
植松　暁子	小林　栄利子	大原　美保	倉本　智子
井上　敦子	髭右近　好子	岡部　佐よ子	松井　真理
富士川麻美	唐岩　佳代子	阪本　晴絵	岩原　理香子
近　彩	坂井　靖子	宮内　陽子	須原　和弘

家田　優子	髭右近　好子	岡部　佐よ子	松井　真理
松山　早江子	原田　ゆうこ	橋本　美和子	安井　美貴
枇杷　光二	奥井　歌都満	橋口　和代	米島　けいこ
石川　春代	本田　倫美	大山　真紀	関川　修平
林　　潤子	木田　富子	二宮　香代子	山本　博乃
高森　外志行	井手　和敏	倉内　利光	中嶌　達治
梅野　弘樹	山下　千春	佐藤　悦子	児玉　由美子
小崎　愛子	川口　敏明	川井　悠史	佐藤　繁
高月　圭子	上原　桂子	山本　忍	北野　恵
樋口　みゆき	松田　順治	山本　敏幸	今　　隆浩
笠原　勝久	河原　有伽	吉川　玉子	佐藤　洋二
下村　千恵子	笹治　崇志	鎌田　智子	瀧澤　佐江子
伊豆山　幸男	森川　和夫	青木　一世	三浦　亨浩
巽　　繁	中井　久美子	高塚　美佐子	伊佐　恒範
芝内　等	山本　孝司	安倍　周平	小林　正

……………　高知　山本塾……………　山本　猛司……………………………

福田　誠	宮内　信彦	内山　博幸	山中　真二
高橋　俊博	山岸　昭二	野末　晃	原田　正
加藤　諒	藤中　健一	小野寺　健	米山　功

…………………………………………………………………………………

ダワードルジ・デルゲルツォグト　在大阪モンゴル国　総領事
ジャンチブ・ガルバドラッハ　新モンゴル学園　理事長
日馬富士公平　モンゴル国　日馬富士学園　理事長
ガンバートル・ザヤサイハン　NPO 法人モンゴル日本交流協会代表理事

トウフシン・トゥクス	プレブスレン	
トゥムルーオチルナムジル	ナランチ・メグ	アムラ
バダムサンブーヒシグバヤル	バトサイハン	
ヒシグバヤル	オチルフウ・ジャルガルサイハン	
デムベレル	バダムサンブーヒシグ・スレン	
ラドナーバザル・バヤンムンフ	サンジミャタブ・ラドナーバザル	
ジャルガルサイハン・ラマ	トウムルスへ	ガンウルジ

◆「家族学」&「住育の家」民間合同研究絆プロジェクト・2021 年研究発表予定
◆「住育」民間交流農業指導プロジェクト
◆「住育」民間交流環境健康絆プロジェクト

おわりに

最後まで読んでくださり、ありがとうございました。

小学校の教師から建築の世界に転職して半世紀（四九年）「ど素人は黙っとけ！」五四歳で他界した亡き夫に言われ、ど素人だからわかる間取りを。お母ちゃん目線で独自にスタートした家づくり。

三人の子育ても子どもたちと交換日記をしたり、三人の心強い応援に支えられ、実験・検証・実践・研究し今日までがんばってこられました。

宇津﨑建設の亡き夫の大きなバックアップで、（株）ミセスリビングを設立でき、教師時代の教え子や故郷の幼なじみの息子さんたちに支えられて、波乱万丈のドラマを乗り切ることができました。

すべてを失い長岡京市から京都市に転居し、お世話になった京都商工会議所のみなさま、経済同友会をはじめ素晴らしい皆々さま、本当にお世話になりがんばれました。

京都国際会館の近くに全国・世界に向けて新しい二世帯住宅の提案・楽しい暮らしをオープンハウスし、『お母ちゃんの住まい誕生』の本を出版してから家づくりは人づくり＝「住育の家」に辿りつくまで二〇年間、世界全国から一万人の見学があり、奇跡のようなたくさんのご縁もつないでいただきました。

大学の先生方にも、神奈川大学、盛岡大学で「住育」の講義と、大規模な「住育コミュニティ」を開催していただいたり、振り返ればびっくりするような物語がいっぱいで、ここまでたくさんの皆さまに支えられて今があります。

昨年の一一月末に事故で入院手術がなかったら、振り返りをすることなく、このような本にまとまっていなかったことでしょう。

コロナウイルスで世界中が閉塞し、不透明で先行きの読めない時代に突入しました。

こんななか、「住育の家」にお住まいのお客様から次々にいただいた感謝の言葉の連鎖、またずっと支え応援してくださり天国に旅たたれた素晴らしい諸先輩のみなさまからの遺言のような「次世代に伝えてほしい」というメッセージ、これらを胸に、京都にこだわり、三冊目も住育応援団のかもがわ出版の三井隆典会長様に出版していただくことになりました。

何よりも今回ご縁をつないでいただいた根津眞澄様にはずっと長い間、寄り添っていただき、「住育」の真髄を誰よりも学んでいただいて本文にまで登場していただき、大感謝です。

また、打ち合わせの最中、モンゴルと日本をつなぎ、長い間「家族学」＆「住育の家」民間交流合同研究絆プロジェクトのモンゴル国と力強くすすめてこられたモンゴル代表のガンフヤク母さんが六月にゲルキャンプで落下し天国からの応援になりましたが、後を在大阪モンゴル総領事様とザヤさんが応援していただくことになりました。

この本が、彼女への追悼・供養になりますように!!　これからのウィズコロナ時代、人生を生きるヒント、暮らしの知恵としてどうか一人でも多くの方に届きますように祈ります。

心から感謝をこめて——

二〇二〇年八月四日

宇津﨑　光代

宇津﨑光代

〈略歴〉

1946年、兵庫県豊岡市生まれ。

1966年、京都女子大短期大学初等教育（昼）、国文科（夜間）卒業。

1966～1971年、京都府大山崎小学校勤務（教師歴5年）。

1971年、宇津﨑建設株式会社常務取締役就任。

1986年、株式会社ミセスリビング設立　代表取締役就任。

1989年、ミセスリビング新社屋完成

　長岡京市ビル建設→京都市中京区→京都市岩倉

1999年、移転　2000年、「住育の家」完成――現在に至る

2020年から「住育の家」コンサルタント

2020年、日本ロータリーEクラブ入会

〈今までの職歴〉

京都商工会議所一号議員

日本インテリアクリエーター交流協会常任理事

京都府インテリアデザイン指導アドバイザー

京都府中小企業特別経営指導員

長岡京市住環境推進審議委員

日本アビリティーズ協会流動研究員

京都市みやこユニバーサルデザイン審議会委員

京都市観光大使

但馬ふるさと応援隊　たじま観光大使……他

〈主な著書〉

■『インテリアの落とし穴』（共著、三水社）（1993年）

■『お母ちゃんの住まい誕生』（娘2人と共著、かもがわ出版）(2001年)

■『大丈夫だよ　お母さん』（娘と共著・いろは出版）（2007年）

■『幸せが舞い降りる「住育の家」』（かもがわ出版）（2011年）

宇津崎光代（うつざき・みつよ）

株式会社ミセスリビング　代表取締役。

教師から建築業界に転職し、主婦の意見を吸い上げ続けて家づくり半世紀(49年)！家の中の事故で３人の家族を失い、また３人の子育て・親の介護など、さまざまな経験から安全で安心な住まいをつくるため、株式会社ミセスリビングを設立し研究。独自に開発した「お母ちゃんの視点」での住まいづくりで、TV番組取材や、新聞雑誌の掲載など多数、日本全国・海外まで出かけている。夢は、25年間通ってゲルに学んだ「住育の家」とモンゴル国の家族学の民間合同研究プロジェクトの成果を、モンゴル国から世界に発信すること。ウィズコロナ時代、世界の平和に貢献するために、日本ロータリＥクラブに入会し、国連のSDGsの目標にも取り組み、世界をつないで活動する予定。

●住育の家づくり　http://www.mrs-living.co.jp

〈協　力〉

◆片山友見（旧姓・宇津崎）
一般社団法人日本住育協会理事長、暮らしデザイン代表

◆宇津崎せつ子
有限会社宇津崎せつ子設計室（一級建築士）

◆聞き書き：根津眞澄

◆写真：児島肇

◆コピーライター：竹島靖

◆イラスト：松本泉、いろは出版『大丈夫だよお母さん』他

◆装丁：加門啓子

幸せ家族には秘密がある
―49年の家づくりで辿りついた「住育の家」―

2020年9月18日　第1刷発行

著　者　© 宇津崎光代

発行者　竹村正治

発行所　株式会社かもがわ出版
〒602-8119　京都市上京区堀川通出水西入
TEL075-432-2868　FAX075-432-2869
振替 01010-5-12436
ホームページ http://www.kamogawa.co.jp

印　刷　シナノ書籍印刷株式会社

ISBN978-4-7803-1112-9　C0077